HEYNE KOCHBÜCHER

Maria de Lluc Vicens

DIE KÜCHE MALLORCAS

Die schönsten Originalrezepte
von der Sonneninsel

Text und Rezeptauswahl
von Gabriele Redden

Originalausgabe

WILHELM HEYNE VERLAG
MÜNCHEN

Heyne Kochbuch
07/4734

Copyright © 1999 by Wilhelm Heyne Verlag GmbH und Co. KG, München
Printed in Germany 1999
Umschlaggestaltung: Atelier Schütz, München
Umschlagfoto: Maria Harder, Hamburg
Innenfotos: Bildagentur Mauritius, Mittenwald (Seiten 11, 15 u. 43)
Spanisches Fremdenverkehrsamt, München (Seite 35)
Alle anderen: Maria Harder, Hamburg, mit freundlicher Genehmigung
des Burda-Verlages
Rezepte auf den Seiten 66, 241, 244 u. 251: Erika Casparek-Türkkan,
Hohenpeißenberg
Satz: Schaber Satz- und Datentechnik, Wels
Druck und Bindung: RMO-Druck, München

ISBN 3-453-15565-3

Für Esperança und Sebastian

Inhalt

Rezeptteil

Abkürzungen und Erklärungen:

EL   = Eßlöffel
TL   = Teelöffel
Msp = Messerspitze
g   = Gramm
kg   = Kilogramm
l   = Liter
ml   = Milliliter ($1/1000$ l, 1 g)
cl   = Zentiliter ($1/100$ l)
1 Tasse entspricht $1/8$ l

Falls nicht anders angegeben, sind die Rezepte
für vier Personen berechnet.

Mallorca, eine Insel im Mittelmeer ...

Es war Liebe auf den ersten Blick, als die Küste Mallorcas im Morgengrauen sichtbar wurde. Die Sonne tauchte aus dem Meer auf und brachte die Gipfel der Tramuntana zum Glühen. Die Insel wirkte so unberührt wie das Paradies.

Ich fuhr von Barcelona aus mit dem Schiff hinüber, um Freunde zu besuchen, die schon lange auf der Insel lebten. Ohne sie wäre ich damals im Sommer 1967 bestimmt nicht nach Mallorca gekommen. Es war nur eine von vielen Inseln im Mittelmeer. Inzwischen weiß ich: Es ist die schönste.

So beeindruckend muß sich Mallorca auch den ersten Römern präsentiert haben, denn sie nannten die Insel »La Luminosa«, die Leuchtende. In den kommenden Jahrhunderten wurde Mallorca immer wieder von den jeweiligen Eroberern in den schillerndsten Farben beschrieben.

Aber wer käme auch nicht ins Schwärmen, beim Anblick weiß-rosa blühender Mandelbäume, gelber Margeritenwiesen, leuchtend roter Mohnfelder, sattgrüner Johannisbrotbäume und der grauen Felsen der Tramuntana, die sich im Abendlicht orange und schließlich dunkelviolett verfärben? Farben, welche die vielen Maler, die heute auf der Insel leben, versuchen auf ihren Paletten zu mischen und doch nie ganz treffen.

»Illa de calma«, Insel der Stille, hieß der Buchtitel eines Bestsellers des katalanischen Poeten und Malers Santiago

Rusiñol, der Ende des letzten Jahrhunderts erschien. Und wer sich ins Innere der Insel begibt, kann auch heute noch nachempfinden, wovon der Dichter spricht.

Sie ist auch eine »Insel der Düfte«. Orangen- und Mandelblüten, Lavendel und Jasmin, Rosmarin, Minze, Lorbeer, Thymian und Feigenbäume konkurrieren miteinander und entfalten einen wahren Duftrausch.

Unser Ohr vernimmt hier Laute, die nie oder schon lange nicht mehr gehört wurden: Das Gackern der Hühner, das Rufen der Lämmer, das Wiehern von Eseln oder das Bimmeln von Schafsglocken … Auf den Dorfplätzen tschilpen noch Hunderte von Spatzen in den Platanen – bei uns werden sie immer seltener.

Kaum vorstellbar, daß heute 7 Millionen Touristen jährlich auf die Insel kommen und sie trotz dieser großen ökologischen Belastung nur wenig von ihrer Schönheit, die mich vor über dreißig Jahren so ergriff, eingebüßt hat. Das ist zum einen der Geographie der Insel zu verdanken, denn sie bietet den Touristen die drei große Buchten von Palma, Alcudia und Pollensa, wo sich inzwischen ca. 75 Prozent des Tourismus konzentriert. Aber vor allem ist es den Mallorquinern zu verdanken, die durch ein Netz von Kläranlagen ihre Strände und Häfen mit Erfolg sauber halten: Seit Jahren wird die mallorquinische Küste von der Europäischen Union als vorbildlich bezeichnet.

So sehr es die Mallorquiner verstehen, sich auf die vielen Gäste aus aller Welt einzustellen, so sehr haben sie sich auch ihre Eigenständigkeit bewahrt. Das Leben auf den Dörfern verläuft so, als ob es keinen Tourismus gäbe. Sie feiern ihre Feste – und davon gibt es viele im Laufe des Jahres –, bei denen Touristen zwar willkommen, aber nicht notwendig sind.

Noch immer hüpft mein Herz jedesmal vor Freude, wenn ich auf »meine Insel« zurückkomme. Nach knapp zwei Flugstunden bin ich da und werde, als würde ich eine

Metamorphose durchleben, ein anderer Mensch. Alle Hektik fällt ab, ich habe plötzlich Zeit für das wirkliche Leben: durch einen Orangenhain schlendern und den betörenden Duft der Blüten einatmen, in der Hängematte ein Buch lesen, auf dem Markt frisches Gemüse und Blumen einkaufen, vor der Bar Central auf der Plaza sitzen, einen Cortado – den typischen kleinen Kaffee mit Milch – trinken und einfach nur schauen: Meine Seele ruht sich aus.

Die Geschichte der Insel und ihrer Küche

Zuerst waren es wohl die Phönizier – geniale Seefahrer der Antike, die im Norden bis zur Westküste Englands segelten, um von dort in den Zinn-Bergwerken Cornwalls das kostbare Metall herbeizuschaffen, das zur Herstellung von Bronze gebraucht wurde –, die die Balearischen Inseln anliefen, um sich dort mit Wasser und Lebensmitteln zu versorgen.

Sie waren es übrigens auch, die auf der Insel kleine, seltsame Tonpfeifen in Form von Reiterfiguren hinterließen. Die *Siurells* aus weiß, grün und rot bemaltem Ton findet man heute in allen Souvenirläden der Insel. Man vermutet, daß die Phönizier auch die ersten waren, die Wein mit auf die Insel brachten, den die Inselbewohner schnell zu schätzen lernten.

Später kamen griechische und karthagische Handelsleute nach Mallorca, was durch Münzen, Keramiken und Bronzen, die überall auf der Insel gefunden wurden, belegt ist. Andere Hinterlassenschaften hat man nicht gefunden.

Es gelang den Karthagern zwar, auf Ibiza eine kleine Kolonie zu gründen, die stolzen Mallorquiner hatten jedoch kein Interesse daran, Fremdlinge auf ihrer Insel zu dulden. Die Beziehungen zu den Griechen und den Karthagern blieben daher auf den Handel beschränkt.

Die riesigen behauenen Steinquader, mit denen die Insulaner ihre Begräbnisstätten – die *navetas* – in Form kieloben liegender Schiffe errichteten, geben den Wissenschaftlern bis heute genauso Rätsel auf wie die runden und ovalen oder quadratischen Türme, die ihnen als Versammlungsräume und Wachtürme dienten. Der Bau dieser beeindruckenden sogenannten *talayots*, die man südlich von Llucmajor in Capocorb Vell und in der Nähe von Artá besichtigen kann, haben den Mallorquinern vermutlich die Völker aus dem östlichen Mittelmeer beigebracht. Ähnliche Bauten finden sich interessanterweise entlang der Route der Phönizier auf Sardinien, auf Menorca, in der Bretagne und in Südengland. Sie alle gehen auf das zyklopische Mauerwerk der Megalithkulturen Syriens, Mykenäs, Kretas und Ägyptens im östlichen Mittelmeerraum zurück. Bis heute ist ungeklärt, wie die Völker des Altertums mit den bisher bekannten Geräten jener Zeit die monumentalen behauenen Steinblöcke aufeinander lagern konnten.

In den weitverzweigten Höhlensystemen der Muleta, einer Steilküste zwischen Deyá und Sóller, von Artá, Drac, Hams, Gènova und Campanet fand man neben Waffen, Tongeschirren und Schmuck auch Knochen einer kleinen Antilopenart. Nirgendwo sonst hat es diese Spezies gegeben. Deswegen wurde sie von den Wissenschaftlern *Myotragus baleariens*, balearischer Mausbock, genannt. Aber leider ist sie schon seit vorchristlicher Zeit ausgestorben. Die arglose Kreatur war nur etwas größer als ein Hase, und wer sich das seltsame Tier im Museum anschaut, muß unwillkürlich an den Wolpertinger, das bayerische Fabelwesen, denken. Allerdings ist die Existenz der mallorquinischen Gemse nachgewiesen.

Die ersten schriftlichen Zeugnisse über die Mallorquiner der vorchristlichen Zeit stammen von griechischen Geschichtsschreibern, die einerseits abschätzig über die Mallorquiner urteilten: »Sie wohnen in unterirdischen Behausungen, und sie sind bis auf einige Felle unbekleidet«, oder bewundernd: »Ihre Waffen sind Schleudern, mit denen sie mit großer Geschicklichkeit Steine gegen ihre Feinde schleudern.«

Die Sage erzählt, daß die Jungen dieses Handwerk schon von frühester Kindheit an erlernen mußten. Ihre Väter legten Brot oder Fleisch in Baumgabeln, und sie mußten

sich ihre Nahrung mit gezielten Schüssen aus diesen Schlingen herunterschießen. Gelang ihnen das nicht, hatten sie eben nichts zu essen. Die Übungen wurden mit zunehmendem Alter immer schwieriger, und schließlich hatten die jungen Männer ein scharfes Auge und einen todsicheren Steinschuß – falls sie nicht verhungert waren. Übrigens: Nicht zuletzt geht der Name der Inselgruppe Balearen auf das griechische Wort *balein* – werfen – zurück.

Die Karthager machten sich diese Fertigkeit als erste zunutze, sie rekrutierten mallorquinische Söldnertruppen für ihre Kriege gegen Sizilien und andere Mittelmeerländer. Was die Baliares aber nicht davon abhielt, sich später bei den Römern zu verdingen und sich an der Zerstörung Karthagos zu beteiligen. Die Steinschleuderer ließen sich übrigens nicht wie andere Soldaten ihren Lohn in Gold und Silber auszahlen, sondern verlangten Wein und Frauen für ihre Dienste. Auch schon für die damalige Zeit äußerst ungewöhnlich, aber bezeichnend für ihre Sinnenfreude.

Diese Urmallorquiner zeichneten sich also durch die besonders hohe Wertschätzung ihrer Frauen, ihre Liebe zum Wein und ihre hohe Kunst des Steinschleuderns aus. Die damalige Küche war allerdings nicht besonders phantasievoll, denn sie ernährten sich ziemlich eintönig von Knollen und Wurzeln und von Getreidekörnern, die zerstampft in Form von Brei oder gebacken als Brotfladen mit Wasser zubereitet wurden. Fleisch wurde selten gegessen, außer bei rituellen Festen, wo es über dem offenen Feuer gebraten wurde.

Das sollte sich erst ändern, als die ersten festen Siedlungen entstanden. Jetzt interessierten sich die Menschen auch für Geschmack und Qualität ihrer Nahrung und nicht nur für die Menge. Die Männer sorgten von nun an nicht nur mit der Steinschleuder für volle Töpfe – sie hielten auch Rinder, Schafe, Ziegen und Schweine.

Agrarwirtschaftlich war die Insel bis dahin jedoch noch nicht erschlossen. Erst die Römer zeigten den Mallorquinern, wie man im großen Stil Getreide anbaut. Und wenige Jahrzehnte später wurde Mallorca eine der Kornkammern des Römischen Reiches.

Der Rotwein der Insel war von solcher Qualität, daß die Römer die Inseln nicht zuletzt deswegen tributpflichtig machten.

Die berühmt-berüchtigten Mallorquiner hatten zwar Verträge mit den mächtigen Nachbarn geschlossen, die sie allerdings mitnichten daran hinderten, römische Handels- und sogar Kriegsschiffe zu kapern. 123 v. Chr. reichte es den Römern, und sie entsandten den verdienstvollen Quintus Cäcilius Metellus vom römischen Senat mit einer Kriegsflotte in Richtung Balearen, wo sie »… mit einem Hagel von Steinen empfangen wurden und sich die Inselbewohner erst unter der Wucht römischer Wurfspieße und Pfeile zurückzogen.«

In den folgenden Jahrhunderten besiedelten die Römer Mallorca systematisch. Sie betrieben Landwirtschaft, pflanzten Olivenbäume, legten Weizenfelder an und kultivierten den Weinbau. Sie gründeten Städte, darunter auch Palma, benannt nach *palmaria*, der Siegespalme, richteten Verwaltungszentren ein und bauten Straßen. Man brachte den Ureinwohnern gewaltsam römischen Lebensstil bei, indem man sie in die neu gegründeten römischen Städte umsiedelte. So hatte man sie unter Kontrolle. Und sie gaben der Insel auch den Namen: Balearis Maior oder Maiorica.

Die Mallorquiner lernten von den Römern, das Mahl zu einer wichtigen Beschäftigung des zivilisierten Lebens zu erheben, und so wurde die Küche zu einem Ort kreativer Beschäftigung.

Wie man es sich in den ausgegrabenen Stadthäusern Pompejis anschauen kann, waren die Küchen jener Zeit bereits fast modern ausgestattet, mit großen Tischen für die Zubereitung der Mahlzeiten und aufwendig gemauerten Kochherden mit Bratgrill und einzelnen Öfen, die unterschiedliche Funktionen hatten.

Zu den neuen Tafelfreuden brauchte man entsprechendes Geschirr. So entstanden auf Mallorca die ersten Manufakturen. Ton gab es auf der Insel reichlich – und bald blühte eine regelrechte Töpferindustrie. Die Importe aus Rom regten zu neuen Formen an. Schüsseln, Becher und Teller, Amphoren und Krüge gab es bald in zahlreichen Größen und Formen, die sowohl als Eßgeschirr und Kochgefäße wie auch zur Lagerung von Öl, Wein, Getreide und anderen Lebensmittel gebraucht wurden.

Und offenbar war Mallorca für Aussteiger schon damals sehr attraktiv, denn im ersten nachchristlichen Jahrhundert war die Bevölkerung auf etwa fünfzigtausend Bewohner angewachsen.

Das süße Leben auf Mallorca fand sein jähes Ende, als 465 die Vandalen über die Insel herfielen und, ihrem Ruf gerecht werdend, die gepflegten Siedlungen und Felder plünderten und verwüsteten.

Etwa hundert Jahre später eroberte der byzantinische Feldherr Belisar Mallorca und stellte die römische Ordnung wieder her. Sie währte zwar nicht lange, denn die Mallorquiner waren nur noch dem Namen nach ein Mitgliedsstaat des Byzantinischen Reiches. Sie regierten sich bald wieder selber, bis die vordrängenden Mauren über Westafrika zuerst Südspanien eroberten und sich die Balearen auch noch einverleibten.

Die Mauren, wahre Meister in der Kunst der Landbewässerung, schufen auf der gesamten Insel Bewässerungssysteme, die die Erträge der Landwirtschaft sehr schnell vervielfachten. Noch heute sind die damals angelegten Terrassen bei Estellencs und Banyalbufar zu bewundern. Aprikosen-, Orangen-, Zitronen-, Mandel- und Feigenbäume wurden angepflanzt, deren Früchte seither die mallorquinische Küche bereichern. Und mit den Mauren kamen alle Gewürze des Vorderen Orients auf die Insel, deren Düfte bis heute durch die Küchen wehen. Die großzügige Verwendung von Zimt, Feigen, Rosinen und Pinienkernen in vielen mallorquinischen Gerichten lassen auf ihren arabischen Ursprung schließen.

Auch die Töpferei wurde weiterentwickelt. Die *greixonera*, eine Tonpfanne, ist noch immer wichtigstes Kochgefäß in der traditionellen Küche der Insel. Hinzu kamen die wunderschönen arabischen Fayencen, deren kunstvolle Fertigung bis heute fortgeführt wird. Es florierten die Ziegelbrennerei und das Metallhandwerk. Ziegel, Dachpfannen und Kacheln, Messer, Metallgefäße, Metallbeschläge und allerlei Waffen wurden zum wichtigen Handelsgut.

Schon bald waren maurische Architektur, maurischer Lebensstil und maurische Kultur auf Mallorca etabliert. Literatur, Kunst und vor allem die Musik entwickelten sich zu höchster Blüte. Noch heute kann man manches arabische Relikt in den Märchen, den *rondaies*, die man sich an Winterabenden erzählt, oder in den klagenden, leidenschaftlichen Melodien der Lieder, die die Bauern bei der Feldarbeit singen, erahnen.

In Palma wurden großräumige kühle Paläste mit Innenhöfen, die von luftigen Säulengängen umsäumt waren, und luxuriöse Bäder mit herrlichen Wasserbecken gebaut. Auf dem Land entstanden anmutige Landhäuser mit geometrisch angelegten Gärten, kleinen Teichen und Brunnen, wie sie im Garten von Alfabia, in der Nähe von Bunyola erhalten geblieben sind.

Palma hieß nun Medina Mayurka und galt als Ort raffiniertester Vergnügungen und erlesenster Genüsse. Ein maurischer Dichter schrieb um das Jahr 1200: »Die Insel Mallorca ist eines der fruchtbarsten und kultiviertesten Länder, die Gott geschaffen hat. Sie bietet Reichtümer aller Art im Überfluß, und selbst wenn heute ein Mißgeschick sie von jeglicher Verbindung mit anderen Ländern abschneiden würde, sie brächte dennoch alle Güter hervor, die das Leben ihrer Bewohner so angenehm macht.« Und ein anderer schreibt: »Palma ist die Stadt, der die Ringeltaube die in allen Schattierungen des Spektrums glänzenden Farben ihres Halses und der Pfau sein buntschillerndes Gefieder geliehen haben.«

Aber soviel Pracht blieb nicht ohne Neid. 1108 wurde die Hauptstadt vom Normannenkönig Sigurd, der sich auf einer Pilgerfahrt nach Jerusalem befand, überfallen und geplündert. Wenige Jahre später stürmte eine große vereinigte Streitmacht von Pisanern und Katalanen vom spanischen Festland aus Mallorca und zerstörte die Insel bis tief ins Landesinnere. Doch mit Hilfe der nordafrikanischen Mauren wurden sie noch einmal zurückgeschlagen. Der vorgeschobene Grund für diese Raubzüge war natürlich ein edler: die Befreiung der Christen. Allerdings bleibt die Frage, ob diese tatsächlich befreit werden wollten. Gefragt wurde jedenfalls niemand, und am 31. Dezember 1229 im Alter von nur 21 Jahren eroberte Jaume I.*, Herrscher über Aragón, Valencia, Katalonien, Montpellier, Perpignan, die Provence und das Roussillon die Insel Mallorca.
Und damit begann eine Epoche der Geschichte, auf die die heutigen Mallorquiner besonders stolz sind: Mallorca wurde ein Königreich.

Der junge König, ebenso wie seine Gefolgsleute, die er mit Ländereien auf der Insel für ihre Dienste belohnt hatte, waren daran interessiert, arabische Arbeitskräfte und deren Wissen zu halten. Sie bemühten sich, die Araber gut zu behandeln. Außerdem wurden andere Untertanen seines Reiches mit Vergünstigungen auf die Insel gelockt, und schon bald war Mallorca von katalanisch

---

* Jaume ist die mallorquinische Form des spanischen Namens Jaime (der Eroberer).

sprechenden Menschen besiedelt. Die damals entstandenen landesrechtlichen Strukturen zur Aufteilung der Insel hatten bis ins 20. Jahrhundert hinein Gültigkeit.

Jaume I. begann mit dem Bau der Kathedrale von Palma und des Schlosses Bellver, das sein Sohn Jaume II. vollendete. Außerdem ließ er sich in Sineu und in Valldemossa ein Schloß errichten und gründete die Orte Manacor, Petra und Lluchmajor. Unter seinem Sohn und seinem Enkel wurden die Bautätigkeiten fortgesetzt, und das Königreich Mallorca erblühte so wie unter den Römern und später unter den Arabern.

1349 wurde Jaume III. von seinem aragonesischen Vetter in der Schlacht von Lluchmajor vernichtend geschlagen, worauf Mallorca unter die Herrschaft von Aragón fiel, die bis 1479 dauerte. Durch Heirat wurden Aragón und Kastilien vereint, und Mallorca unterstand nun der Zentralregierung in Madrid.

Um die Mitte des 14. Jahrhunderts bestand die Handelsflotte von Mallorca aus 460 stolzen Schiffen. Die Seefahrer der Balearen verwendeten Karten, die damals wesentlich genauer waren als jene, die viel später von den Handelslinien anderer europäischer Länder benutzt wurden. Sie besaßen bereits den magnetischen Kompaß, übrigens lange bevor er angeblich von einem gewissen Gicia von Amalfi erfunden wurde.

Balearische Seeleute galten, von den Arabern geschult, als die besten der westlichen Welt. Fast hundert Jahre bevor die Portugiesen 1419 die Westküste von Afrika erforschten, hatten mallorquinische Seefahrer diese Küste bereits 1346 kartographisch erfaßt. Als Heinrich der Seefahrer seine berühmte Seefahrerschule gründete, verpflichtete er als Direktor einen Maestro Jacomo de Mallorca.

Durch ihre mächtige Flotte kontrollierten die mallorquinischen Kaufleute der Insel den Handel im westlichen Mittelmeer und erlangten geradezu unermeßlichen Reichtum. Sie exportierten mallorquinische Produkte wie Öl,

Wein, Obst und andere Nahrungsmittel, aber auch Teppiche, Möbel und mallorquinische Töpferwaren nach Spanien, Frankreich und Nordafrika.

In Palma bauten sie sich prächtige Stadtpaläste, die von Kunsthandwerkern aus Venedig und Florenz mit den teuersten Materialien ausgestattet wurden, mit kostbaren Tapisserien, Vorhängen aus Damast, fein gearbeiteten, vergoldeten venezianischen Spiegeln, Marmortischen und mit edlem Samt bezogenen Stühlen.

Das Leben auf Mallorca war ein nie enden wollender Reigen von Bällen und Banketten. Aus Gold- und Silberkrügen flossen schier unerschöpflich Wein und erfrischende Getränke. Die Tische waren reichlich mit den wunderbarsten Speisen gedeckt. Zur Herstellung des kostbaren Tafelgeräts beschäftigte man in der Straße hinter der Kirche Santa Eulalia eigene Silberschmiede, und auch das Geschirr wurde in mallorquinischen Manufakturen geschaffen.

Die Kleidung der mallorquinischen Edelleute jener Zeit war aus farbigem Samt und goldgewirktem Brokat. Man erging sich in Gesellschaftsspielen, Turnieren oder kunstvoll ausgerichteten Jagden. Damen wie Herren dieser Aristokratenschicht betrieben die Falkenjagd mit großer Leidenschaft, und auf dem Wasser bestanden ihre Lustbarkeiten darin, in ihren kostbar geschnitzten und üppig vergoldeten Booten zwischen den Inseln hin- und herzukreuzen, wobei sie als Zeichen ihres Wohlstands farbige Segel aus reiner Seide verwendeten.

Da sie der Krone bereitwillig ihren Tribut zahlten, ließ man den Mallorquinern bis Anfang des 16. Jahrhunderts ihre Eigenständigkeit. Aber um sich ihren Luxus leisten und zusätzlich die Abgaben bezahlen zu können, wurden die Bauern mit unerträglichen Steuern belastet.

Wie überall in jener Zeit nahm die Unzufriedenheit der Landbevölkerung zu, und 1528 brach ein Aufstand los. Die Aufständischen stürmten die Stadt, und der Vizekönig floh mit seinem Gefolge nach Ibiza. Die Adligen und die reichen Kaufleute suchten Schutz in Schloß Bellver, aber die aufgebrachten Bauern stürmten es. Sie trieben die Flüchtlinge zusammen und enthaupteten sie ohne zu zögern. Ein Teil des Schlosses brannte nieder. Im Rausch dieses Sieges verwüsteten die Rebellen die gesamte Insel. Die Lebensmittel wurden knapp, da die Felder nicht mehr bebaut wurden, und große Hungersnöte waren die Folge. Kaiser Karl V. – in dessen Reich die Sonne niemals unterging, denn ihm gehörte nicht nur halb Europa, sondern auch die eroberten Gebiete in der Neuen Welt – entsandte schließlich starke Truppenverbände auf die Insel, die die Rebellen zur Aufgabe zwangen. Man versprach ihnen zwar faire Behandlung, aber nach der Heimkehr des Vizekönigs ließ er die Rebellen zur Abschreckung hängen und vierteilen.

Danach war das Leben auf der Insel nie wieder so wie vorher. Immer wieder flammten Unruhen der Bauern auf, und damit nicht genug, suchte die Pest die Insel heim, und die Piratenüberfälle der Araber aus Nordafrika nahmen zu. Die Herren in Madrid überließen den Schutz der Bewohner der eigenen Initiative.
Die Mallorquiner bauten zwar Befestigungen und Wachtürme – entlang der Nordwestküste kann man noch viele davon entdecken –, aber es sollte bis zur französischen Kolonialisierung Nordafrikas, Anfang des 19. Jahrhunderts dauern, bis den Seeräubern aus dem Maghreb endgültig das Handwerk gelegt wurde.
Kulturell und agrarwirtschaftlich war Mallorca weit unter das Niveau seiner Blütezeit zurückgefallen. Immer wieder wurden die Menschen von Hungersnöten und Pest-Epidemien heimgesucht. Mitte des 18. Jahrhunderts war die Bevölkerung auf ein Drittel dezimiert. Jetzt endlich begann man am spanischen Hof, über eine Unterstützung der Insel nachzudenken. Es wurde ein Komitee gegründet, das sich um die Verbesserung der wirtschaftlichen Entwicklung Mallorcas kümmern sollte.

Die Schulen und Akademien wurden wieder geöffnet. Man warb Bauernfamilien aus Süditalien und Sizilien an, die mit Hilfe von Subventionen Kartoffeln, Gemüse und Getreide anbauten. Während der Französischen Revolution kamen viele Emigranten aus Frankreich, und einige Jahre später flüchteten zahlreiche Spanier vor den napoleonischen Truppen nach Mallorca. Darunter waren Händler, Bauern und vor allem Weber. Sie bauten Flachs an, den Rohstoff für die schon bald florierende Leinenindustrie.

Obstplantagen wurden angepflanzt, vor allem Aprikosen-, Pfirsich- und Orangenbäume. Im Tal von Sóller wurde so reichlich geerntet, daß die Stadt eine eigene Orangenflotte unterhielt, die Früchte nach Frankreich verschiffte. Von dort aus wurden sie in die anderen Länder Europas verkauft.

Natürlich blieben all diese Entwicklungen nicht ohne Auswirkung auf die mallorquinische Küche. So brachten die Italiener ihre Rezepte mit auf die Insel. Vor allem ihre Pastagerichte fanden schnell Anklang bei den Mallorquinern. Beispielsweise sind im Bergdorf Fornalutx Spaghetti, Makkaroni und Cannelloni fester Bestandteil des Rezeptrepertoires, und die Einwohner werden gerne als *calabreses* bezeichnet, wegen der vielen kalabrischen Familien, die damals dort angesiedelt wurden.

Es gibt kleine Nudelhersteller auf der Insel, die Nudeln – *fideas* – nach selbst entwickelten Rezepten produzieren, wie beispielsweise die Nudeln, die in *Fideas de vermar* verwendet werden. Hierbei handelt es sich um eine Suppe, die traditionell nach der Weinlese gegessen wird.

Und die Franzosen zeigten den Mallorquinern wieder, wie man die wunderbaren Wildkräuter, die überall auf der Insel wachsen, in der Küche einsetzt.

Es mögen die nach Frankreich zurückgekehrten Emigranten gewesen sein, die von Mallorca schwärmten – jedenfalls wurde die Insel in den folgenden Jahrzehnten in Europa als sonniges, freundliches Erholungsparadies gepriesen. Schon bald kamen die ersten Touristen, unter ihnen ein Paar, das schon damals sehr bekannt war: George Sand und Frédéric Chopin. Sie eine selbstbewußte, intelligente Schriftstellerin, er ein hochsensibler Komponist. Sie wollten den Winter auf Mallorca, in der Kartause von Valldemosssa, verbringen, wo er sich von seiner schwachen Konstitution erholen und gleichzeitig inspiriert werden wollte. Aber es wurde ein kalter, regnerischer Winter. Die Feuchtigkeit machte ihn noch kränker, inspirierte ihn aber doch dazu, das *Regentropfen-Prélude* und den *Trauermarsch* zu komponieren.

Die Mallorquiner waren nicht besonders angetan von einer Frau, die Hosen trug und Zigarren rauchte und begegneten dem Paar nicht gerade mit ihrer sonst so sprichwörtlichen Gastfreundlichkeit. Und so verließen die beiden im Februar 1831, vier Monate, nachdem sie angekommen waren, enttäuscht die Insel. Ihre Eindrücke legte George Sand in ihren Tagebuchaufzeichnungen mit vielen kuriosen Details nieder, die heute in jedem Buchladen auf Mallorca zu kaufen sind.

Um 1860 kam ein weiterer berühmter Gast, der bis zum Ende seines Lebens bleiben sollte: der habsburgische Erzherzog Ludwig Salvator, später Louis Salvador, Bruder des österreichischen Kaisers Franz Joseph I. Er baute sich einen kleinen Palast an der Küste zwischen Valldemossa und Deyá. Nicht weit davon hat eine heutige Berühmtheit, der Schauspieler Michael Douglas, seine Residenz.

In den folgenden Jahrzehnten erforschte der Naturkundler und Philosoph Ludwig Salvator die Insel, und seine Sympathie für die Bevölkerung, insbesondere für die Mallorquinerinnen, ist auch durch eine stattliche Anzahl von Nachkommen verbürgt. Sein fünfbändiges Werk über die Inselwelt der Balearen wurde auf der Weltausstellung 1899 in Paris mit einer Goldmedaille ausgezeichnet. Sogar seine Schwägerin Sisi, die österreichische Kaiserin, besuchte ihn und verweilte einige Tage auf dem Landgut Son Moragues bei Valldemossa.

Anfang unseres Jahrhunderts folgten Maler, Literaten, Musiker, und nach dem II. Weltkrieg entwickelte sich ein Massentourismus, der die Insel zwar wieder reich gemacht hat, aber Mallorca auch die negativen Auswirkungen spüren läßt. Wasserversorgung und Abfallbeseitigung werden immer problematischer. Hinzu kommt, daß die Mallorquiner beginnen, sich vor Überfremdung durch ausländische Ansiedler zu fürchten. Was sie seit Beginn ihrer Geschichte zu verhindern suchten, ist heute kaum mehr aufzuhalten.

Von Oliven, Früchten, Gemüse und Wein

Keine Frage, die mallorquinische Küche verdankt ihre Vielfalt den verschiedenen Völkern, die die Insel in zwei Jahrtausenden besuchten oder eroberten. Die Phönizier brachten den Wein, die Römer Getreide und Oliven, die Araber Auberginen, Mandeln, Aprikosen, Pfirsiche, Feigen, die Spanier die Orangen und alle Gemüse der Neuen Welt wie Tomaten, Paprika und alle Kürbisarten. Sie sind heute die wichtigsten Komponenten der traditionellen Inselküche.

Wenn man mit Mallorquinern über das Essen spricht, was sie übrigens besonders gern tun, hört man den Stolz auf ihre selbst angebauten Produkte schnell heraus. Allem, was auf der Insel wächst oder produziert wird, geben sie gern den Vorzug, auch wenn es meistens etwas teurer ist. Aber wer die frischen Tomaten, Zucchini, Auberginen, Paprikaschoten, Zwiebeln oder Kürbisse probiert hat, weiß, wie recht sie damit haben.

Mittelmeerlandschaften ohne Olivenbäume sind unvorstellbar, das gilt für Kreta, für die Toskana, für die Provence ebenso wie für Mallorca. In den oft uralten Anpflanzungen fallen Olivenbäume von bizarrem Wuchs auf, besonders im Frühjahr, wenn die zarten weißen Olivenblüten mit ihrem süßlichen Duft einen krassen Gegensatz zu den knorrigen Stämmen bilden.

Die schönsten Exemplare alter Stämme findet man zwischen Valldemossa und Deyá. Daß es sie noch gibt, ist dem Erzherzog Ludwig Salvator zu verdanken. Denn Ende des 19. Jh. fällten die Bauern die Bäume, weil der Erlös aus dem Verkauf des Olivenholzes den Ertrag des Öls überstieg. Um sie zu retten, kaufte der Erzherzog den Bauern die Bäume ab. Aber auch die Anpflanzungen in der Gegend von Sóller und Bunyola können sich sehen lassen.

Bis in die 50er Jahre war Olivenöl ein wichtiger Exportartikel, der in elegante Büchsen abgefüllt wurde. Dann ging es jedoch mit den Ölbaumkulturen bergab. Die EU stellte fest, daß das mallorquinische Öl einen zu hohen Säuregehalt aufwies und in der Konkurrenz mit dem andalusischen, französischen und italienischen nicht bestehen konnte. So wurde die Ernte immer unrentabler.

Seit einigen Jahren hat sich die Situation verändert, das mallorquinische Olivenöl ist inzwischen ernährungsphysiologisch und vor allem geschmacklich rehabilitiert. Es bildeten sich Kooperativen, die durch neue Methoden der Raffinierung den Säuregehalt des Öls auf das von der Europäischen Union vorgegebene Maß zu reduzieren verstanden. Daher wird im Landwirtschaftsministerium überlegt, die Anbauflächen für Oliven wieder zu vergrößern, vor allem im Inneren der Insel, in den Gegenden um Campos und Llucmajor. Das Olivenöl von Sóller gilt heute übrigens als das beste der Insel.

Viele Begriffe, die mit Olivenölgewinnung zu tun haben, sind arabischen Ursprungs, was darauf zurückzuführen ist, daß der Ölbaumanbau in arabischer Zeit ein großer wirtschaftlicher Faktor war. Die Mühlen, in denen die Oliven zwischen schweren runden Steinplatten gemahlen und so das Öl herausgepreßt wird, sind eine arabische Konstruktion.

Leider sind nur noch wenige davon in Betrieb. Auf dem Gut Sa Granja bei Esporles können Besucher eine Ölmühle besichtigen, außerdem auf einem Gutshof zwischen Orient und Alaró, wenn man den Bauern, der im Herbst an der Straße manchmal Honig verkauft, darum bittet.

Auch der Mandelbaum wurde vermutlich schon in römischer Zeit auf Mallorca eingeführt, aber er erlebte erst in arabischer Zeit durch die intensive Bewässerung einen beachtlichen Entwicklungsschub. Die Mandelplantagen liegen vorwiegend an der Ostküste, von Porto Cristo und Manacor bis hinunter nach Santanyi und um Felanitx und Llucmajor. Gegen Ende des 19. Jahrhunderts wurde Mallorca der größte Mandelproduzent Spaniens. Die spanische Produktion von Marzipan oder Turrón war abhängig von den mallorquinischen Mandeln, die mit ihrem herbsüßen Geschmack für die berühmte Qualität der Produkte sorgten. Seit 1970 jedoch werden sie von den kalifornischen Mandeln, die sich durch ihre gleichförmigen Kerne besser für die industrielle Verarbeitung eignen, vom Markt verdrängt. Heute erntet man die Mandeln hauptsächlich für den Inselmarkt, und neben ihrer großzügigen Verwendung in der mallorquinischen Küche werden sie in mallorquinisches Marzipan und Turrón verarbeitet, das bei Kennern als das beste gilt.

Im Februar ist die Insel ein Blütenmeer, und dieses Ereignis wird inzwischen – ähnlich wie in Japan die Kirschblüte – längst touristisch vermarktet. Aus den Mandelblüten wird übrigens schon seit Jahrhunderten ein Parfum destilliert, das *Flor d'Ametller*. Es wird in besonders hübsche Fläschchen abgefüllt und in den Herboristerías in Palma verkauft

Im August und September werden die Mandeln mit Holzstangen von den Ästen geschlagen, und das Klappern der Holzstangen ist eines der typischen Geräusche der Insel, die man nicht vergißt. Und schließlich schwebt ab Oktober der unverwechselbare Duft der schwelenden Mandelschalen über der Insel. Sie verbrennen in der *brasera*, einer Pfanne, die in eine Öffnung des speziell dafür vorgesehenen kleinen Tisches mit kurzen Beinen gestellt wird, der wiederum unter dem großen Eßtisch steht. Darüber kommt eine lange Filzdecke, unter die die Familie die Beine streckt. Das ist die Zeit, in der die alten mallorquinischen Märchen erzählt werden, an denen die Insel so reich ist.

Der Feigenbaum ist zweifellos eines der imposantesten Gewächse im gesamten Mittelmeerraum, nicht nur wegen seiner großen immergrünen Blätter, die zu Zeiten von Adam und Eva Mode waren. Er wird wegen seiner köstlichen Früchte geschätzt, von denen sich jeder laut Gesetz so viel nehmen darf, wie er essen kann. Aber er wird auch gefürchtet, weil er auf der Suche nach Wasser mit seinen meterlangen, armdicken Wurzeln die unterirdischen Mauern von Zisternen sprengen kann.

Ende August, genauer gesagt, am 24., dem Tag des heiligen Bartholomäus, beginnt die alljährliche Feigenernte, die sich bis in den späten September hinein ziehen kann. Allerdings, so heißt es, müssen die Früchte bis zum Tag des heiligen Franziskus, dem 4. Oktober, getrocknet sein, denn dann wird es immer feuchter und die Feigen verfaulen.

Wenn man sie nicht selber pflücken mag, kann man die köstlichen frischen Früchte auf den Märkten für wenige Peseten kaufen. Natürlich werden sie hauptsächlich roh oder getrocknet gegessen, aber sie sind auch wichtige Zutat in vielen Gerichten. Aus getrockneten Feigen, die übrigens viel saftiger sind als die, die man bei uns kaufen kann, wird auch das Feigenbrot *pan de figues* gemacht, das hübsch verpackt ein beliebtes Mitbringsel ist. Bei Erzherzog Louis Salvator ist nachzulesen:„Man ißt sie frisch zur Ernte, man trocknet sie in großen Mengen, um sie stets auf der Insel zu verbrauchen, teils auch nach dem Ausland zu versenden und bedient sich ihrer auch zum Mästen der Schweine, die außerordentlich fett dabei werden, wodurch sie eine Haupteinnahmequelle der Insel bilden.«

Zur gleichen Zeit wie die Feigen wird auch das Johannisbrot geerntet. Die dunkelbraunen Schoten werden heute in erster Linie als Viehfutter, vor allem für die Schweine, genutzt. In schlechten Zeiten jedoch hat man sie auch als Kaffee-Ersatz verwendet. Größe und Gewicht der Johannisbrot- oder Karobensamen sind so konstant und übereinstimmend, daß die Griechen sie als Gewichtseinheit (keration/Karat = 0,2 g) für Gold und Silber verwendeten. Im östlichen Mittelmeerraum benutzt man die Samen noch heute zum Abwiegen kostbarer Gewürze.

Eine geheimnisvolle – oder gar keine – Rolle spielen die Schoten bei der Herstellung von *palo*, dem mallorquinischen Nationalgetränk. Die einen behaupten, *palo* werde aus den Früchten des Johannisbrotbaumes gewonnen und die anderen schwören, daß dem nicht so sei. Den Liebhaber des schwarzen, bittersüßen, mit Eis und Wasser getrunkenen Aperitifs stört das wenig. Er liebt seinen *palo*, den er nach der Arbeit in der Bar mit seinen Freunden trinkt, bevor er nach Hause geht.

Während Mandeln und Feigen Geschenke der Araber waren, kam der Orangenbaum erst im 15. Jahrhundert durch die Spanier in den Mittelmeerraum. Vermutlich waren es die Portugiesen, die Setzlinge und Samen von ihren Reisen nach China mitbrachten. Über Andalusien fand der Baum schnell auch seinen Weg nach Mallorca.

Die immergrünen Orangenbäume können zweimal im Jahr abgeerntet werden, was per Hand und mit größter Sorgfalt geschieht, da der Baum gleichzeitig zu blühen beginnt. Die üppigsten Plantagen findet man im »goldenen« Tal von Sóller, und die Früchte dieser Gegend gelten als die aromatischsten.

Anfang des 19. Jahrhunderts begannen die Franzosen mit der Kolonialisierung Algeriens und bereiteten damit der Piraterie im westlichen Mittelmeer schließlich ein Ende. Jahrhundertelang hatten die Korsaren die Küsten unsicher gemacht und dadurch den Seehandel praktisch verhindert. Jetzt wagten es die Sóllerenses, ihre Orangen nach Frankreich zu verschiffen. Schnell waren die Früchte auf dem Kontinent so beliebt, daß sie überall in Europa verkauft wurden. Manche Familien siedelten sich sogar in Frankreich, Belgien, England und Deutschland an und betrieben mit ihren Verwandten in Sóller einen regen Import-Export-Handel.

Geschichte des mallorquinischen Weins

Höchstwahrscheinlich brachten Phönizier und Griechen den Weinbau auf die Balearen, nur blieben Sie wohl nicht lange genug, um ihm zu historisch erwähnbarer Größe zu verhelfen. Daß jedoch die steineschleudernden Inselbewohner, als Sie Hannibal in den Punischen Kriegen zur Seite standen, für ihren Weinkonsum bekannt waren, ist überliefert.

So beginnt die Geschichte der mallorquinischen Weinkultur erst mit der Eroberung durch die Römer. Aber die Römer verboten den Weinbau zunächst einmal kategorisch, vermutlich auf Drängen der römischen Weinbauern, die ihre heimischen Märkte sichern und eher neue Exportmärkte erobern wollten, anstatt Konkurrenz zu dulden. Sie hatten schlechte Erfahrungen mit dem Import von griechischen Weinen gemacht und versuchten, dieses Verbot im ganzen römischen Einflußgebiet durchzusetzen. Das führte dazu, daß schon damals bekannte Weinanbaugebiete, beispielsweise in Südfrankreich, ernsthaft bedroht waren. Und das zu einer Zeit, als der mallorquinische Weinbau noch nicht einmal richtig begonnen hatte.

Doch schon im ersten Jahrhundert nach Christus war der Weinbau auf den Balearen so erfolgreich, daß Plinius, Flotten-Kommandant und ein weitgereister Mann, ihn als vergleichbar mit den besten italienischen Gewächsen lobend erwähnte.

Unter der fünf Jahrhunderte dauernden Herrschaft der Araber, deren Religion den Alkohol bekanntlich verbietet, hielt sich der Weinbau vermutlich nur, weil die getrockneten Trauben ein attraktives Lebensmittel darstellten. Sicherlich nutzte der eine oder andere aber auch die Möglichkeit, die Trauben ihrem wichtigsten Zweck zuzuführen.

König Jaume I., der Mallorca 1229 eroberte, gab dem Weinbau einen neuen Impuls, indem er Lizenzen vergab. Natürlich tat er das in erster Linie, um seine Kassen mit der erhobenen Steuer zu füllen.

Aber durch dieses System von Geben und Nehmen wuchs der Ertrag auf der Insel beträchtlich. Durch die Subventionspolitik der Bourbonen Anfang des 19. Jahrhunderts schließlich sogar auf deutlich über 300.000 hl pro Jahr. Heute wird schätzungsweise nur noch etwas mehr als ein Zehntel davon produziert.

Ende des letzten Jahrhunderts, nach 1870, brach die wohl schlimmste Weinplage über Europa herein: die Phyloxera, die Reblaus. Sie zerfraß die Rebstöcke und trieb die Weinwirtschaft einst reicher Regionen in den Ruin. Unter denen, die anfangs von der Plage profitierten, weil sie sie noch nicht ereilt hatte, war Mallorca. Ganz Europa, vor allem Frankreich, verlangte nach Wein, und die Mallorquiner waren in der Lage, schnell hinzuzupflanzen und somit einen bedeutenden Teil der Nachfrage zu decken. Es war die große Zeit des mallorquinischen Weinbaus, in der die Produktionsrekorde aus früheren Jahren noch einmal verdoppelt wurden, aber die Euphorie sollte nicht lange währen.

Schnell fanden die Winzer heraus, daß die Wurzeln der amerikanischen Rebstöcke resistent gegen die Reblaus waren und begannen, neu anzupflanzen. Auf diese amerikanischen »Unterlagsreben« wurden nun die europäischen Edelreben gepfropft, und so konnte erneut mit der Produktion hochwertiger Weine begonnen werden.

Das veränderte natürlich die Exportzahlen Mallorcas erheblich, und die eigens angeschafften Frachtschiffe waren auf einmal nicht mehr ausgelastet. Aber es sollte noch schlimmer kommen.

Nach diesem Zug der totalen Zerstörung durch die Reb-anlagen aller Weinbauregionen Europas, kam die Phyloxera im Jahre 1891 auch nach Mallorca und tat das, was Sie schon überall getan hatte: Innerhalb von drei Jahren vernichtete sie fast alle Weingärten der Insel.

Von diesem Schock hat sich der mallorquinische Weinbau bis heute nicht richtig erholt. Der Großteil der damaligen Rebfläche wurde übrigens mit Mandelbäumen bepflanzt, und Mandeln wurden vorübergehend ein wichtiges Exportgut der Insel.

Von Anfang bis Mitte unseres Jahrhunderts wurde viel Wein privat mit gekauften Trauben vinifiziert. Probiert man die Resultate dieser noch heute üblichen Praxis, kann man sich vorstellen, warum es so lange brauchte, bis der Weinbau wieder richtig in Gang kam. So gibt es heute noch Zeitzeugen, die davon berichten, daß es üblich war, dem gärendem Wein Fleisch beizugeben. In der Gegend von Sóller zum Beispiel Ziegenfleisch, und wenn der Gärbottich groß genug war, sogar ganze Tiere, die vorher natürlich gesäubert und ausgenommen wurden. Nach der Gärung fand man dann nur noch die blanken Knochen im Bottich.

Der Touristenboom, der in den 60er Jahren unseres Jahrhunderts begann und immer noch ansteigt, veränderte das Gesicht der Insel vollkommen. Es entstanden riesige Hotelblocks an den Küsten, die Infrastruktur wurde ausgebaut, und vor allem die jungen Mallorquiner erkannten die Chance, in der Baubranche, in der Hotellerie und Gastronomie gutes Geld leichter zu verdienen. Kaum einer interessierte sich für die harte Arbeit in der Landwirtschaft. Es fehlten die Arbeitskräfte, die dem Weinbau zu neuen Erfolgen hätten verhelfen können.

Andererseits sorgte der Massentourismus für den wachsenden Konsum von Wein, auch wenn es sich dabei zu-

nächst um Weine von eher minderer Qualität zu einem niedrigen Preis handelte.

Inzwischen verändert sich die Marktsituation immer schneller. Die Anstrengungen der balearischen Regierung, mehr anspruchsvolleren Tourismus auf die Insel zu bringen, tragen inzwischen Früchte. Und mit dem steigenden Niveau der Gastronomie steigen auch die Erwartungen an die Produkte.

Die interessanteste Entwicklung ist jedoch, daß nicht nur die Ausländer, sondern mehr und mehr die Mallorquiner selbst ihre Weine zu schätzen wissen. Dafür sind sie auch bereit, einen höheren Preis zu zahlen, auch wenn unter Umständen ein gleichwertiger Wein vom Festland günstiger ist.

Zunächst waren es vor allen Dingen die kleinen *artesanos*, die Kellermeister, die den großen Weingütern zeigten, welche Möglichkeiten die Insel dem Wein bietet, und welche Qualitäten erzielt werden können, wenn kompromißlos darauf gesetzt wird. Mit der Schaffung der ersten D.O. (Denominación de Origen, was bedeutet, daß die Trauben dieser Region eine bestimmte Qualität haben müssen) außerhalb des Festlands hat die Bodega Ferrer als treibende Kraft sicherlich großen Anteil an der heutigen Situation. Nur mußten erst die Kleinen die Großen in Zugzwang bringen, damit sie begannen, ernsthaft auf Qualität zu setzen. Sonst würden wohl immer noch hauptsächlich Billigweine für den Massentourismus hergestellt. Die Zukunft sieht inzwischen wieder durchaus rosig aus.

Die Voraussetzungen für Weine von großer Qualität sind auf Mallorca hervorragend: Die kalkhaltigen Böden und das Klima sind für die Herstellung von exzellenten Weinen mehr als geeignet, auch wenn es immer noch genug Kritiker gibt, die gerade diese Gegebenheiten für die Reben für zu ideal halten (denn die Rebe soll für guten Wein »leiden« müssen).

Ausschlaggebend für die steigende Qualität ist letzten Endes, daß die Weingüter heute in einer wirtschaftlich äußerst angenehmen Lage sind. Der starke heimische Markt und die dadurch fast garantierte Abnahme der Produktion zu einem guten Preis bringen den Winzern genug Geld, um in die verbesserte Herstellung ihrer Weine zu investieren. Es scheint, als wäre eine neue goldene Ära für den mallorquinischen Wein angebrochen.

Auf jeden Fall ist Mallorca auf dem Weg, ein Gebiet für hochklassige Weine zu werden.

Als einziger Bremser fungiert im Moment noch die EU, da sie keine weiteren Anbauflächen zuläßt. Und das, obwohl heute nicht einmal auf einem Zehntel der Fläche von 1890 Wein angebaut wird.

Die mallorquinischen Rebsorten

Neben den bekannten edlen Sorten *Cabernet Sauvignon, Merlot, Chardonnay*, etc. gibt es einige autochthone, d. h. Rebsorten, die nur auf Mallorca angebaut werden, aber auch nicht autochthone, unbekanntere Trauben, von denen die wichtigsten hier kurz vorgestellt werden sollen

Rotwein:

Manto Negro
Diese reichtragende Rebe ist hauptsächlich in Binissalem zu finden, wo sie die Basis der Rotweine mit D.-O.-Bezeichnung sein muß. Vor allem, weil sie sich gut zur Reifung in Holzfässern eignet, ist sie von den autochthonen Trauben die wichtigste. In guten Jahren entstehen Rotweine mit gewaltiger Frucht, die mit entsprechendem Tanningehalt auch gut reifen können. Da die *Manto Negro* in alten Schriften über den Weinbau keine Erwähnung findet, nimmt man an, daß sie erst nach der Phyloxera-

Katastrophe hier angebaut wurde. Es wird vermutet, daß sie eine der *Garnacha* verwandte Rebe ist. Die *Garnacha* spielt auf dem Festland, vor allem in Rioja und Navarra (und in Frankreich als *Grenache*) eine wichtige Rolle.

Callet
Die autochthone Rebsorte *Callet* bringt deutlich weniger interessante Weine hervor. Ihr Most hat zwar in der Regel eine etwas kräftigere Farbe als der des *Manto Negro*, wird aber wegen seines geringeren Alkoholgehalts eher für die Herstellung von fruchtigen *Rosados* (Roséweine) verwendet. Nur wenn der Alkoholgehalt für einen kräftigen Rotwein von mindestens 13 Volumenprozent ausreicht, werden aus *Callet* auch anständige Rotweine produziert.

Fogoneu
Außerdem wird noch in großen Mengen *Fogoneu* angebaut, eine autochthone Rotweintraube, die zwar anständige Mengen liefert, deren Weine aber wenig Farbe und einen geringen Alkoholgehalt besitzen.

Weißwein:

Premsal Blanc
Die wichtigste autochthone Weißweintraube ist die *Premsal Blanc* oder *Moll*, wie sie in Binissalem genannt wird. Auch diese Rebe trägt gut und paßt sich allen Böden an. Ihre Weine haben in der Regel eine angenehme Frucht mit ausreichend Säure. Die eleganteren Weißweine auf Mallorca haben aber fast immer einen kleinen Anteil einer mehr säure- und pfirsichbetonten, nicht autochthonen Sorte wie z.B. *Perellada*, eine Traube, die wiederum vom Festland kommt.

Malvasía
Unabhängig davon muß die *Malvasía* erwähnt werden, eine eigenwillige Traube mit besonderer Geschichte.

Schon im 14. Jahrhundert waren diese Weine am Hof der Könige von Aragon gefragt. Und noch bis Ende des 19. Jahrhunderts waren die Weißweine aus *Malvasía* mit Abstand die bekanntesten und vermutlich auch besten der Insel. Die Besonderheit dieser Weine belegt eine Auszeichnung aus dem Jahre 1877, für einen damals weit über 50 Jahre alten Weißwein. Das Hauptanbaugebiet lag in Banyalbufar an der Süd-West-Küste. Hier hatten schon die Araber in mühsamer Arbeit einen Teil der ins Meer abfallenden steilen Küstenhänge in Terrassen verwandelt und so eine einzigartige Anbaufläche geschaffen, die später der *Malvasíatraube* fast ideale Bedingungen bot.

Heute wird von Privatleuten erneut damit begonnen, aus der *Malvasíatraube* in Banyalbufar wieder große Weine herzustellen. Leider wird davon aber so bald nichts in den Handel kommen, da die Mengen einfach zu gering sind.

Die Anbaugebiete und einige ausgewählte Weingüter

Binissalem

Die Denominación de Origen Binissalem (D.O.) wurde Ende der 80er Jahre gegründet, um zu verhindern, daß Weingüter weiterhin hauptsächlich Weine oder Trauben von der Halbinsel kauften, denn damit konnte ein wesentlich billigerer Wein hergestellt werden. Man kann von Glück sprechen, daß die vier Gründer, die wir ab Seite 40 genauer beschreiben, Erfolg hatten und so eine ganze Weinbauregion vor dem sicheren Ruin retteten. Jedoch kann das, was damals richtig war, nämlich ausschließlich auf heimische Rebsorten zu setzen, schon morgen einen Nachteil bedeuten. Auf der einen Seite stehen die eher konservativen Winzer, die leichtere Weine aus autochthonen Trauben, und damit typisch mallorquinische Weine, herstellen wollen.

Auf der anderen Seite die jungen, ehrgeizigen Winzer, die in erster Linie auf hohe Qualität setzen und dafür den typischen Charakter der Weine gerne für mehr Eleganz opfern, um komplexere und ausdrucksstarke Weine durch das Beimischen oder ausschließliche Verwenden von edleren Rebsorten zu erreichen.

Erst die Entwicklung der nächsten Jahrzehnte wird zeigen, wer recht hat. Nachdem sich die konservative Seite lange gegen die Zulassung edlerer Sorten gewehrt hat (wohl auch, weil in ihren Rebanlagen noch nichts davon stand), sind seit Anfang 1997 zumindest 30 % *Cabernet Sauvignon* in den Rotweinen zugelassen, und auch den Weißweinen dürfen jetzt edlere Sorten zugefügt werden.

Weingüter in der D.O. Binissalem

José Luis Ferrer

Die Bodega José Luis Ferrer ist mit Abstand der größte Produzent in Binissalem. Ihr Gründer ist eine der Persönlichkeiten, die den mallorquinischen Weinbau bis Anfang der 80er Jahre entscheidend geprägt haben. Er war einer derjenigen, der in den Jahren, als viel billiger Wein vom Festland auf die Insel kam, den Weinbauern aus Binissalem hohe Preise für ihre Trauben zahlte und so den Weinbau am Leben erhielt. Er war es auch, der kompromißlos auf die einheimische *Manto-Negro*-Traube setzte. Wie schon erwähnt, streitet man sich heute darüber, ob das Festhalten an der Tradition und den autochthonen Rebsorten oder die moderne Weinherstellung mit edleren Sorten der richtige Weg ist. Die Weine von *Franja Roja,* wie die Bodega auch genannt wird, werden wohl immer die traditionelleren sein, obwohl der Qualitätsdruck durch die anderen Bodegas auch hier schon zu den ersten Anpflanzungen von *Cabernet Sauvignon* und *Tempranillo* geführt hat.

Herederos de Ribas

1711 wurde das Weingut erstmals schriftlich erwähnt und gilt damit als eines der ältesten Weingüter in Funktion. Eine dieser »Herederos« (Erben) ist Joana Oliver, die sich mit ihrer Schwester beherzt für die Vermarktung der Weine einsetzt. Die Rebanlagen gehören zu den besten der Insel, und die Weine müssen sich dahinter nicht verstecken. Seit kurzer Zeit arbeitet ein neuer Kellermeister für die Schwestern, und es wird wohl noch ein bis zwei Jahre dauern, bis er wieder derart herausragende Qualitäten hervorbringt, welche das Weingut Anfang der 90er Jahre ausgezeichnet hatten. Dabei wird ihm sicher die hervorragende Ernte 1998 helfen. Das Weingut hat sich schon früh mit den edleren Rebsorten beschäftigt und in Versuchsanlagen *Cabernet Sauvignon, Shiraz, Muscat* und *Chardonnay* angebaut. Durch die Erfolge gezwungen, mußte die D.O. nachgeben und zumindest einen Anteil von 30 % *Cabernet Sauvignon* zulassen.

Antoní Nadal

Die Bodega wurde 1960 von dem Apotheker Antoní Nadal gegründet. Anfangs war die Weinherstellung noch rein traditionell, und erst Ende der 80er beim Eintritt in die D.O. modernisierte er die Anlagen. Dabei setzte er, ähnlich wie Ferrer, ausschließlich auf einheimische Trauben. Antoní Nadal ist Autodidakt. Schritt für Schritt hat er sich die Techniken der Weinherstellung selbst beigebracht, mit dem Ziel, traditionelle Weine von hoher Qualität (auf *Manto-Negro-* oder *Moll*-Basis) zu erzeugen.
Als 1989 sein »Tres Uvas Reserva« als mallorquinischer Wein des Jahrzehnts ausgezeichnet wird, ist er am Ziel seiner Träume angekommen. In seinen Rebanlagen stehen vor allem traditionelle Rebsorten, obwohl er inzwischen auch *Cabernet Sauvignon* anbaut, um das Niveau seiner Weine zu heben.

Jaume des Puntiró

Die kleinste der Bodegas der D.O. Binissalem hat seit ihrer Gründung 1980 lange Zeit ihre Weine ausschließlich von Faß vermarktet, bis die beiden Söhne des Gründers beschlossen, ihre Produkte in Flaschen abzufüllen und 1994 die ersten Flaschenweine präsentierten. Beraten von Joan Morá, einem Chemiker mit Önologiestudium (er betreut unter anderen auch Jaume Mesquida und Son Bordils, ein neues Projekt in der Nähe von Inca), gelang es ihnen, einen der besten Weißweine auf *Premsal-Blanc*-Basis des Jahres 1997 herzustellen. Neben einem jungen Rotwein produzieren sie *Carmesí*, einen charmanten faßgereiften *Manto Negro* mit etwas *Callet* und *Tempranillo* (der großen Traube aus der Rioja und dem Ribera del Duero).

Cellers de Santa Maria– nicht offiziell in der D.O.

Abseits des organisierten Weinhandels produzieren viele kleine *Cellers* interessante Weine für den Hausgebrauch, die meist auf einer kleinen Fläche selbst angebaut werden. Wenn man durch die Gassen von Santa Maria fährt, erkennt man sie an dem Pinienzweig an der Tür. Die meisten dieser Weine werden in größeren Plastik-Karaffen als Literware verkauft. Für wenig Geld kann man hier manchmal auf erstaunliche Weine treffen.

Pla i Llevant – Vi de la terra

Pla i Llevant ist bis heute nur eine geschützte Gebietsbezeichnung, die noch keine Garantien für die Qualität der Weine geben kann. Doch allem Anschein nach steht man kurz davor, die D.-O.-Bezeichnung zu bekommen. Die meisten Winzer haben hier schon früh auf die hochwertigen Rebsorten gesetzt, auch weil sie nicht durch die D.-O.-Bestimmungen daran gehindert wurden. Offensichtlich hat sich die D.O. Binissalem mit Händen und Füßen gegen die heimische Konkurrenz gewehrt, da ihr hier – das erstemal mit offiziellem D-.O.-Status – vorgemacht

werden könnte, was, zumindest der konservativere Zweig, nicht sehen will: Die Implantierung edler Rebsorten mit mallorquinischer geschützter Herkunftsbezeichnung. Letztendlich wird die neue D.O., sollte sie denn realisiert werden, für den Weinbauern gesunde Konkurrenz bringen, von der nicht nur der Verbraucher, sondern auch der mallorquinische Weinbau profitieren wird.

Jaume Mesquida – Porreres

Ohne Zweifel handelt es sich hier um die innovativste Bodega der Insel. 1978 führte Jaume Mesquida als erster größerer Produzent die »großen« Rebsorten wie *Cabernet Sauvignon, Merlot, Pinot Noir* etc. auf der Insel ein. Immer mit dem Ziel, den Weinen zu mehr Eleganz und Kraft zu verhelfen. Aus dieser Zeit finden sich noch einige Rebstöcke mit den unterschiedlichen Rebsorten, die damals zum Test angepflanzt wurden, in einer ihrer schönsten Rebanlagen, rund um eine alte Windmühle. Nach Verbesserungen in der Vinifizierung und der Installationen, erreichten die Weine inzwischen auch ein gehobenes Niveau, was internationale Auszeichnungen belegen. Als Innovator auf der ganzen Linie begann Jaume Mesquida auch als erster, »Vi escumós« Schaumwein nach der Méthode champenoise in größeren Mengen herzustellen.

Miguel Oliver – Petra

Das Familienunternehmen produziert in der vierten Generation Wein. Heute sind schon die Kinder von Miguel Oliver im Weingut beschäftigt. Sein Sohn kümmert sich um die Rebanlagen und seine Tochter Pilar, die Önologin ist, um die Weinherstellung und die Vermarktung. Vor allem die Weißweine, der ausgezeichnete »Muscat« und der holzbetonte »Gran Chardonnay«, sind zu erwähnen, wobei auch seine besseren Rotweine (wie in guten Jahren der »Mont Ferrutx« aus Weinbergen in der Nähe von Artá, direkt am Meer) zu empfehlen sind. Für die wachsende Qualität sind vor allem die Investition in eigene

Rebanlagen verantwortlich. Bis vor fünf Jahren hatte das Gut die Trauben für die gesamte Produktion angekauft und damit natürlich wenig Kontrolle über deren Qualität.

Miguel Gelabert – bei Cala Millor

Miguel Gelabert ist der Größte unter den kleinen Produzenten, der anfangs seine Weine ausschließlich in seinem Restaurant »Cas Patró« angeboten hat. Heute ist er glücklicherweise in der Lage, einen Teil seiner Produktion an andere Restaurants abzugeben. Nicht durch Zufall war sein reinsortiger »Muscat« aus dem Jahre 1993 der erste mallorquinische Wein, der es zu nationalem Ruhm brachte, als er von der Zeitschrift »Vino y gastronomia« zum besten Weißwein Spaniens gewählt wurde. Als einziger baut er einen reinsortigen *Riesling* aus. Auch andere Weingüter haben mit dieser Weintraube experimentiert, die ihre besten Resultate eigentlich in kühlen Gegenden bringt, und das Ergebnis ist kurioserweise umwerfend. *Riesling* bringt in warmen Klimazonen normalerweise fette, wenig charmante Weine hervor, aber Miguel Gelabert ist es gelungen einen etwas ungewöhnlichen, aber eleganten Weißwein mit ausgeglichener Frucht und Säure zu präsentieren. Sein ebenfalls reinsortiger *Cabernet Sauvignon* gehört zu den besten Rotweinen auf Mallorca

Pere Seda von Trevin – Manacor und Palma

Trevin ist einer der größten Abfüller Mallorcas, der hauptsächlich einfache Weine für den Tourismus-Markt der Insel liefert. Erwähnt werden muß er wegen seiner gehobeneren Marke *Pere Seda*, die in der mallorquinischen Gastronomie häufig zu finden ist.

Weine ohne D.O. (Herkunftsbezeichnung):

Santa Catarina – zwischen Capdellá und Andratx

Die Bodega Florianópolis wurde 1985 von dem Schweden

Stelan Lundquist gegründet und ist bis heute die einzige große Bodega außerhalb einer Herkunftsbezeichnung. Obwohl ein Großteil der Rebanlagen im D.O.-Gebiet liegt, dürfen die Weine diese Bezeichnung nicht tragen, da die Bestimmungen auch die Vinifizierung im D.O.-Gebiet vorschreiben. Die eigentliche Bodega liegt aber, sehr schön, viel weiter südlich, zwischen Andratx und Cap-dellá. In den heißen Sommermonaten ist es schwierig, die frisch gelesenen Trauben in das weit entfernte Weingut zu bringen, ohne daß vorher eine unkontrollierte Gärung einsetzt. Trotz dieses Nachteils, sind die Weine durchweg empfehlenswert. Frei von Traditionen wurde von Anfang an auf die edlen Rebsorten *Cabernet Sauvignon, Merlot, Pinot Noir* und *Chardonnay* gesetzt.

Son Bordils

Unter den vielen neuen Bodegas die im Laufe der nächsten Jahre ihre Weine anbieten werden, sollte »Son Bordils« als eines der vorbildlichsten Weingüter erwähnt werden. Hier wird in der Nähe von Inca vor allem *Manto Negro, Merlot* und *Cabernet Sauvignon* sowie *Chardonnay* und *Muscat* angebaut. Das Konzept ist einfach: es wird bedingungslos auf Qualität geachtet, und die ersten Ergebnisse können sich sehen lassen.

Und auch das trinkt man
auf Mallorca

Es gibt zwei typisch mallorquinische Liköre, an denen niemand vorbeikommt, denn sie rahmen das mallorquinische Mittag- oder Abendessen ein: der *Palo*, ein Aperitif und der *Hierbas*, ein Digestif.

Die Basis des dunklen Palo, der meistens mit Eis oder einem Schuß Mineralwasser getrunken wird, ist gebrannter Zucker. Seinen leicht bitteren Geschmack erhält er von diversen Kräutern, wovon eines vermutlich – typisch für viele Aperitifs – Wermut ist. Alles andere ist Produktionsgeheimnis. Es ist viel darüber gerätselt worden, ob Johannisbrot nun zum Brauen von Palo verwendet wird oder nicht – den Mallorquinern ist es gleich. Die meisten lieben ihren Palo zu fast jeder Tageszeit.

Ebenso wie die Herstellung des Palo ein Geheimnis der Brennereien ist, werden auch die Hierbas-Rezepte in den Familien gehütet. Im Gegensatz zum Palo allerdings, kann jeder den **Kräuterlikör** selber ansetzen. Worauf es dabei ankommt, hat mir mein Freund Juan Alberti aus Fornalutx verraten: In den **Hierbas** kommen alle Kräuter, die im Mai wachsen: Rosmarin, Minze, Fenchel, Lavendel und Oregano – es sollen über zwanzig sein. Wieviel von jedem? Das hängt vom jeweiligen Geschmack ab. Natürlich wird noch das eine oder andere, wie Lorbeer und Lindenblüten, Zitronenblätter oder Orangenschale zugefügt. Dann braucht man dazu entweder süßen *dulces* oder trockenen *secas* Anislikör oder man gießt jeweils die Hälfte süßen und trockenen *semi secas* in eine hübsche Flasche, gibt eine Handvoll der selbst gesammelten Kräuter dazu und läßt ihn einige Wochen ruhen.

Seit über hundert Jahren wird *Hierbas* in verschiedenen Brennereien hergestellt. Die berühmteste ist wohl *Tunel* in Bunyola, deren hübsche Flaschen mit dem Kräuterlikör man jetzt auch bei uns kaufen kann.

Typisch für die mallorquinische Gastfreundschaft ist, daß nach dem Essen zum Kaffee nicht nur der Hierbas, sondern auch andere hochprozentige Brände auf den Tisch gestellt werden, wovon sich jeder selbst bedient, darunter immer Brandy. Wo Wein angebaut wird, gibt es auch immer Weinbrand, so auch auf Mallorca. Die Bodegas Suau in Pont d'Inca, etwas außerhalb von Palma, ein traditionelles Familienunternehmen, stellt einen wunderbar weichen Brandy mit einem schönen Etikett her, der allerdings etwas von der spanischen Konkurrenz verdrängt wird. Es lohnt sich aber, danach zu fragen.

Neben den alkoholischen gibt es zwei warme Getränke, die man ebenfalls unbedingt versuchen sollte: *llet de ametlla*, Mandelmilch, und *xocolata calenta*, heiße Schokolade. Mandelmilch war früher so beliebt, daß es Mandelmühlen gab, die sie herstellten. Eine ist noch in Santa Maria zu besichtigen.

Genau genommen führte Louis Salvator die heiße Schokolade auf Mallorca ein, eines der wenigen Dinge, auf die er nicht verzichten wollte, als er beschloß, auf der Insel zu leben. Nicht weit von der Kirche Santa Eulalia, in der Orxateria i Xocolateria Ca'n Joan de s'Aigo schmeckt sie am besten, ebenso wie die Mandelmilch, die man auch eisgekühlt serviert bekommt.

Mandelmilch und heiße Schokolade kann man aber auch selber machen:

Mandelmilch

LLET DE AMETLLA

250 g geschälte Mandeln im Mixer zermahlen, dabei nach und nach etwa *1 l Wasser* zugießen. Mit ca. *30 g Zucker* und *1 Zimtstange* zum Kochen bringen und 10 Minuten köcheln lassen.

Heiße Schokolade

XOCOLATA CALENTA

100 g Schokolade schmelzen und mit *½ l heißer Milch* aufgießen.

Mallorquinische Küchenutensilien

Bis heute wird in der mallorquinischen Küche vorwiegend keramisches Kochgeschirr benutzt. Obwohl Teflonpfannen, chromblitzende Profitöpfe und edles Steingut auch hier durchaus bekannt sind, wird am liebsten noch immer in *olles, greixoneras* und *motlos* gekocht, gebraten und gebacken. Die bauchigen oder flachen Töpfe und Formen nehmen in jedem Haushaltswarenladen und in den großen Supermärkten den meisten Platz ein. Und natürlich sind sie auch auf den Wochenmärkten zu haben, wo Touristen sie kaufen, um sie zu Hause auf dem Balkon als Blumengefäße zu mißbrauchen. Allerdings sind sie auch nicht für unsere Elektroplatten geschaffen – auf der Gasflamme fühlen sie sich wohler.

Jede Form hat ihre bestimmte Verwendung. Die dickbauchige *olla*, die es in vielen Größen gibt und die entweder mit zwei oder vier Henkeln ausgestattet ist, wird für Suppen und Eintöpfe benutzt.

Der Klassiker unter allen Formen ist die *greixonera*, eine flache Form mit abgerundetem Boden für alle Aufläufe oder Gemüse, die nach dem Braten noch im Ofen überbacken werden, sowie für die berühmte *sopes mallorquin*, den auf dünne Brotscheiben geschichteten Gemüseeintopf. Sie eignet sich besonders für offenes Feuer, denn zu plötzliches, starkes Erhitzen oder kaltes Abschrecken kann Risse verursachen, die den Topf unbrauchbar machen. Wer keine *Greixonera* hat, kann die mallorquinischen Rezepte auch in einer Auflaufform oder im Römertopf zubereiten.

Der *motlo* ist in erster Linie eine Backform für Kuchen und

Nachspeisen. Er wird nicht auf dem Feuer, sondern nur im Backofen verwendet. Ebenfalls für den Backofen gedacht, aber aus Eisen ist die *llauna,* auf der zum Beispiel die köstlichen *coques* gebacken werden. Und auf der flachen eisernen *plancha,* einer Grillplatte, die auf der Gasflamme steht und sich nicht etwa im Ofen befindet, werden gerne Fische, Garnelen oder auch mal ein Steak gebraten.

Auf den Fincas, vor allem beim herbstlichen Schlachtfest, kommt ein großer Kessel, die *caldera* zum Einsatz, die über dem offenen Feuer hängt. Nichts Außergewöhnliches, da in den alten Gebäuden häufig noch ein großer Kamin, der als Wärmequelle und als Kochstelle benutzt wird, in Gebrauch ist.

Bis Ende des letzten Jahrhunderts gab es noch in jedem Dorf eine Töpferei, denn weil die Töpfe nicht ewig halten, mußten sie notfalls schnell gebrannt werden können.

Den Rohstoff, rotbraunen Ton, gibt es reichlich auf der Insel, vor allem bei Pòrtol und Santa Eugenia. Aus ihm werden Kochgeschirr und Teller hergestellt. Eine helle Tonerde, die hauptsächlich in Villafranca de Bonany vorkommt, wird zu Krügen, Schalen und Dachpfannen verarbeitet. Das typisch mallorquinische, mit floralen und Vogel-Motiven bemalte Gebrauchsgeschirr wie Teller, Tassen, Becher etc. wird in Felanitx, Pòrtol und Sa Cabaneta hergestellt.

Kochwerkzeuge sind meistens aus Holz, was nicht verwunderlich ist, würde man doch die Tontöpfe, die nur innen glasiert sind, mit metallenen Gegenständen schnell verkratzen.

Von Artischocken bis Wurst – womit man auf Mallorca kocht

ARTISCHOCKEN
Die kleinen Artischocken, die im Frühjahr und Herbst angeboten werden, wachsen sogar wild. Durch ihre auffällige violette Farbe machen sie es jedem leicht, sie zu finden. Und es lohnt sich, denn sie sind viel aromatischer als ihre großen Artgenossen. Einfach in der Pfanne mit ein bißchen Olivenöl und Salz gebraten schmecken sie am besten.

BOHNEN, LINSEN, KICHERERBSEN
Hülsenfrüchte sind seit jeher ein wichtiger Bestandteil der mallorquinischen Küche, vor allem in Eintopfgerichten, aber auch als Beilagen. Auf den Märkten, aber auch in *colmados* – Lebensmittelgeschäften – findet man vor allem Bohnen in den unterschiedlichsten Farben und Größen.

BORRIDA
Diese Würzpaste besteht aus unterschiedlichen Zutaten, meist Mandeln, Knoblauch, Petersilie und auch anderen Kräutern, die im Mörser zerstoßen und Fischgerichten zugefügt werden. Sie verleihen vor allem auch Grillfischen eine pikante Note.

FENCHELKRAUT
Es wächst buchstäblich überall auf der Insel und wird ebenfalls sehr gerne verwendet. Fenchelkraut schmeckt

intensiver als das Fenchelgrün der jungen Fenchelknollen. Hat man nichts anderes parat, kann der milde Geschmack von Fenchelgrün durch einige Fenchelsamen unterstrichen werden.

GRANATAPFEL
Den hübschen Granatapfelbaum findet man in vielen Gärten und Innenhöfen der Insel. Seine Früchte sind besonders dekorativ und werden oft aus diesem Grund nicht gegessen, sondern zum Beispiel als Tischschmuck eingesetzt. Aus Granatäpfeln wird übrigens Grenadinesirup hergestellt, der beim Mixen von Cocktails eine Rolle spielt. Auf Mallorca werden die *granadas* für Desserts, aber auch in der pikanten Küche, zum Beispiel als Sauce zum Fleisch, verwendet.

HIERBABUENA
Das »gute Kraut« erinnert im Geschmack an Zitronenmelisse, Basilikum und Minze. Es wächst nur hier und ist ein Kraut, das ähnlich wie bei uns die Petersilie in vielen Gerichten verwendet wird. Wenn man es nicht zur Hand hat, läßt man es am besten weg, da in der mallorquinischen Küche die Beigabe von Kräutern immer einer ganz individuellen Präferenz folgt.

HIERBALUISA
Bei uns heißt es Eisenkraut (Verbena) und gehört zu den Heilkräutern. Auch auf Mallorca wird es getrocknet als Tee gegen allerlei Wehwehchen eingesetzt. Häufig mischt man getrocknete Orangenblüten darunter. Auch Kamille wird viel mit Eisenkraut gemischt und schmeckt dann wesentlich angenehmer.

JOHANNISBROT
Johannisbrotbäume sind im gesamten Mittelmeerraum zu Hause. Ihre langen dunkelbraunen Schoten (*algarobbas*) werden zwar vorwiegend als Viehfutter im Winter ge-

nutzt, aber auf Mallorca wird gemunkelt, daß Johannisbrot auch für die Herstellung von *palo*, dem berühmten mallorquinischen Aperitif, verwendet wird.

KÄSE
Mit *formatge mallorquí* meint man vor allem den mallorquinischen Schnittkäse, der in verschiedenen Reifestufen angeboten wird. Es ist ein milder, sehr aromatischer Käse, den man in allen mallorquinischen Gerichten, in die Käse kommt, verwenden kann. Am ehesten ist er durch den spanischen Schafkäse *Manchego* zu ersetzen. In Campos werden vorwiegend Weichkäse aus Schafs-, Kuh- und Ziegenmilch hergestellt, wie der *formatge tendre*. Der salzlose Ziegenmilchkäse ist annähernd mit dem Mozzarella vergleichbar, schmeckt allerdings etwas anders. Man kann wunderbare Gratins damit herstellen, und besonders gut paßt er zu Tomaten.

LORBEER
Die üppigen Lorbeerbäume, die auf Mallorca wachsen, spenden besonders aromatische Blätter, weshalb sie auch so beliebt sind. Es gibt kaum ein Fleischgericht, das nicht mit frischen Lorbeerblättern gewürzt wird. Wer getrocknete Blätter verwendet, sollte weniger nehmen und sie zwischen zwei Zitronenscheiben legen, das nimmt den herb-bitteren Geschmack.

MANDELN
Wenn Ende Januar/Anfang Februar die Mandelbäume blühen, verwandelt sich die Insel in ein weißes Blütenmeer. Die Mandelbäume sind eine der vielen Hinterlassenschaften der Araber, und es gibt heute mehr als ein Dutzend Mandelsorten auf Mallorca. Sie werden in vielen Rezepten verwendet und sind die Basis des köstlichen Marzipans, das auf der Insel hergestellt wird.

MARZIPAN

Das köstliche Mandelkonfekt, das man z.B. in der Bomboneria La Parajita in Palma kaufen kann, wird auf der Insel hergestellt. Das aromatische, saftige Marzipan kann man in verschiedenen Geschmacksrichtungen nach Gewicht erstehen. Es ist zwar nicht ganz billig, aber es lohnt sich, denn die Qualität ist kaum vergleichbar mit dem des meist etwas teigig schmeckenden Produkts, das es bei uns zu kaufen gibt.

MINZE

Ebenso wie die meisten Kräuter wächst auch die kräftig schmeckende mallorquinische Minze *menta* überall. Sie wird nicht nur für Tee verwendet, sondern auch häufig in der Küche eingesetzt. Minze gibt vielen Gerichten einen sehr eigenwilligen Geschmack. Wer ihn nicht kennt, sollte sparsam damit umgehen

MORADUIX

Das beliebte, dem Salbei verwandte Kraut, wird vor allem in Fleischgerichten verwendet. Es wächst auf Mallorca wild in großen Büschen und wird auch oft in den Hausgärten angepflanzt. Man kann es ohne weiteres durch Salbei ersetzen, nur sollte weniger davon genommen werden.

NORA

Die kleine, runde, mittelscharfe Miniaturpaprikaschote, die man auf den ersten Blick mit einer Tomate verwechseln könnte, wird auf den Märkten häufig getrocknet in Zöpfen angeboten. Sie gibt den wenigen scharfen Gerichten den Pep. Man kann sie durch ca. $^1/_3$ Chilischote ersetzen.

PICADA

Für dieses Würzsalz wird grobes Salz im Mörser mit Knoblauch und glatten Petersilienblättern zerstoßen und dann an das Gericht gegeben. Manchmal mischt man auch Zutaten wie scharfe Pfefferschoten oder andere Kräuter und Gewürze darunter.

PILZE

Im späten Sommer, wenn die ersten großen Regenschauer auf die Insel niedergehen, kann man die *esclata-sangs*, aromatische Pilze, die zur Familie der Reizker gehören, in den Pinienwäldern der Insel finden. Natürlich werden sie auch auf den Märkten und in den *colmados*, also Lebensmittelgeschäften, angeboten.

PINIENKERNE

Die stark ölhaltigen Samen der Pinienzapfen sind aus der mallorquinischen Küche nicht wegzudenken. Viele Rezepte, in denen Pinienkerne gefragt sind, stammen aus der arabischen Epoche der Insel. Gerade die kulinarischen Einflüsse der Araber machen die mallorquinische Küche so verschieden von jener der Katalanen.

ROSINEN

Wie die Mandeln und die Pinienkerne ist auch die Verwendung von Rosinen ein Relikt aus der Zeit, als Mallorca ein maurisches Emirat war. Die Trauben werden ganz einfach auf den luftigen Dachböden der Fincas getrocknet und niemals geschwefelt.

SAFRAN

Die hellviolett blühenden Safrankrokusse sind die Lieferanten des wohl teuersten Gewürzes der Welt: des Safrans. Von Hand werden die gelblich roten Blütenfäden herausgezogen, und um 1 kg Safran zu bekommen, müssen fast 100 000 Blüten abgeerntet werden. Spanien produziert den besten Safran, und dort ist er auch am preiswertesten. Zum Kochen braucht man nur 2–3 Fäden pro Rezept.

SCHNECKEN

Für die Mallorquiner ist die Schnecke eine Delikatesse, deren Beliebtheit sich in den vielen Rezepten und Zubereitungsarten widerspiegelt. Im Sommer werden sie nach dem Regen zwar von vielen Mallorquinern selbst gesammelt, aber es gibt sie auch im Glas zu kaufen.

SCHWEINESCHMALZ

Neben Olivenöl ist *manteca de cerdo* – Schweineschmalz – das am häufigsten verwendete Fett, sowohl in der herzhaften Küche, als auch beim Backen. Da das Schmalz von Mallorcas Prachtschweinen stammt, ist es ein qualitativ besonders hochwertiges Fett.

TURRÓ

Das Rezept für diese Süßigkeit hinterließen die Araber den Mallorquinern. Man kennt es auch im Süden Frankreichs, wo es in der Gegend von Montélimar an der Straße verkauft wird und Nougat heißt, aber nichts mit dem Schokoladen-Nougat zu tun hat, das wir kennen. Turró (spanisch Turrón) wird aus Mandeln oder Nüssen und Puderzucker – vorwiegend in der Weihnachtszeit – hergestellt. Manchmal werden auch kandierte Früchte dazugegeben.

WILDER SPARGEL

Der köstliche, dünne grüne Spargel wächst reichlich auf Mallorca. Während des Frühlings und Frühsommers wird er häufig direkt an den Landstraßen verkauft. Es lohnt sich, anzuhalten und ein bis zwei Bund für ein wunderbares Spargelomelett mitzunehmen.

WURST: SOBRASADA, BUTIFARRÓ, LLONGANISSA

Alle drei Wurstsorten sind wichtige Produkte der *matanza*, des Schlachtfestes. Die *sobrasada* ist eine saftige, ziemlich fette Mettwurst und eine wichtige Zutat in vielen Rezepten der mallorquinischen Küche. Sie besteht aus

Schweinebrät, das kräftig mit Paprikapulver gewürzt wird. Und was der eine und andere sonst noch hineingibt, wird nicht verraten, weil jede Familie ihr eigenes Rezept hat. Sie ist fast unersetzbar, so daß man lieber darauf verzichtet, als eine andere Paprikawurst an ihrer Stelle zu nehmen. Am ehesten eignet sich noch die vom spanischen Festland stammende und bei uns in Supermärkten erhältliche *Chorizo*. In Scheiben geschnitten, gebraten und mit Bauernbrot serviert, hat die Sobrasada auch als Tapa Karriere gemacht.

Die *butifarró* ist eine Blutwurst, die unserer einfachen ländlichen Blutwurst ähnelt und ohne weiteres durch sie ersetzt werden kann.

Die *llonganissa* ist eine dünne Salami, die ebenfalls durch die bei uns erhältlichen Sorten ausgetauscht werden kann.

Rezeptteil

Tapas

Tapa heißt auf deutsch Deckelchen. Mit einem Deckelchen wurde früher in den Tabernas das Weinglas abgedeckt, damit keine Insekten hineinfliegen konnten. Und auf das Deckelchen legte ein schlauer Wirt irgendwann mal ein Stückchen Serrano-Schinken oder Käse – und so entstanden die »Tapas«. Das soll in Andalusien passiert sein. Heute werden sie aber überall in Spanien – jeweils eine regionale Spezialität – als schönste Nebensache der Welt kultiviert.

Man pickt die Tapas mit kleinen Holzspießchen auf, was sie als kleine Nascherei zwischendurch sehr deutlich charakterisiert.

Oft sind sie einfach nur kleine Kostproben eines Hauptgerichts wie beispielsweise geschmorter *bacallà* (Klippfisch oder Stockfisch), Lammzunge oder *pilotes*, die kleinen Fleischbällchen, deren Rezept noch aus der maurischen Küche stammt. Aber manche sind auch richtige Vorspeisen, wie Gambas, Tintenfische oder Fleischspießchen.

Kroketten sind typisch mallorquinische Tapas. In Olivenöl ausgebacken geben sie eine sehr gute Grundlage für ein Glas Wein ab. Es gibt diverse Variationen mit kleinen Stückchen von Fisch, Huhn oder Schinken, die unter die Masse gehoben werden.

Zu fritierten Tintenfischen, panierten Hühnerbruststreifen oder gebratenen Garnelen wird meistens *Alioli*, eine Knoblauchmayonnaise, serviert.

Die Rezepte sind so vielfältig, daß jeder seine Lieblings-Tapas entdecken wird.

Fleischspießchen

PINCHITOS

600 g Schweinefilet,
2 Knoblauchzehen, grobes Salz
1 TL gemahlener Kreuzkümmel
1 Prise gemahlener Koriander
2 EL Paprikapulver
Pfeffer aus der Mühle
5 EL Olivenöl, 1 EL Zitronensaft
8 Holzspieße
1 Bund Petersilie

Das Fleisch in Würfel schneiden. Knoblauch schälen, im Mörser mit TL Salz fein zerstoßen. Gewürze zufügen und zerstampfen. Alles aus dem Mörser in eine Schüssel geben und mit Olivenöl und Zitronensaft vermischen. Das Fleisch darin wenden und 2 Stunden zugedeckt kühl stellen.

Die Fleischwürfel auf die Holzspieße stecken und auf der Plancha, der Grillplatte (oder in einer Grillpfanne) von allen Seiten 2–3 Minuten grillen. Die Petersilie waschen, grob hacken und darüberstreuen.

(siehe Foto Seite 65, links)

Lammzungen in Kapernsauce

LLENGUA DE XOT AMB TÀPERES

2 küchenfertige Lammzungen
1 l Brühe, Salz
2 Nelken, 2 Zwiebeln
2 Tomaten
4 Stengel Petersilie
3 kleine Zweige Fenchelkraut
2 EL Schweineschmalz
1 Lorbeerblatt
2 TL Mehl
50 g kleine Kapern
Pfeffer aus der Mühle

Die Lammzungen waschen und in einem Topf mit der Brühe bedecken. Salz und Nelken hinzufügen und ca. 75 Minuten kochen. Dann herausnehmen, mit kaltem Wasser abschrecken und häuten. Die Zungen in $^1/_2$ cm dicke Scheiben schneiden und wieder in die Brühe geben. Den Topf aber vom Herd nehmen. Zwiebeln schälen und in kleine Würfel schneiden. Die Tomaten blanchieren, häuten und klein schneiden. Petersilie und Fenchelkraut waschen und hacken. Das Schmalz in einer großen Pfanne erhitzen und die Zwiebeln darin dünsten. Die Tomaten zufügen und mitschmoren. Die Zungenscheiben hineingeben und von beiden Seiten anschmoren.
Die Kräuter und das Lorbeerblatt dazugeben und mit etwa $^1/_4$ l Brühe aufgießen. Das Mehl mit etwas Brühe verrühren, unter die Sauce rühren und die Lammzungenstücke dazugeben. Weitere 5 Minuten schmoren. Zum Schluß abschmecken, die Kapern darüberstreuen und in kleinen Schälchen mit Bauernbrot servieren.

(siehe Foto Seite 65, 2. Gericht von links)

Muscheln auf Fischerart

MUSCLOS A LA MARINERA

1 kg große Miesmuscheln
1 Gemüsezwiebel
3 Tomaten, 3 Knoblauchzehen
1 Bund glatte Petersilie
6 EL Olivenöl
1 kleine, getrocknete Chilischote
$\frac{1}{4}$ l trockener Weißwein oder 4 EL Zitronensaft
Salz, Pfeffer aus der Mühle

Die Muscheln in eine Schüssel geben und mit reichlich Wasser bedeckt 10 Minuten stehen lassen. Geöffnete Muscheln wegwerfen. Dann die Muscheln mehrmals in frischem Wasser waschen, bis sich kein Sand mehr absetzt. Die Zwiebel schälen und halbieren, längs in Streifen schneiden. Die Tomaten überbrühen, häuten und fein hacken. Den Knoblauch schälen und in dünne Scheiben schneiden. Petersilie waschen, die Blättchen hacken.
In einem großen Topf das Olivenöl erhitzen. Zwiebel und Knoblauch darin glasig dünsten. Tomaten, Petersilie und die längs aufgeschlitzte, von den Kernen befreite Chilischote unterrühren und kurz mitdünsten. Wein oder Zitronensaft sowie 100 ml Wasser dazugießen und alles aufkochen. Mit Salz und Pfeffer abschmecken. Die Muscheln in den Sud geben und im geschlossenen Topf bei starker Hitze – je nach Größe der Muscheln – 3–5 Minuten dünsten, dabei den Topf ab und zu rütteln. Alle geschlossenen Muscheln herausnehmen und wegwerfen.
Die Muscheln samt Sud auf kleine Schüsseln verteilen.

(siehe Foto Seite 65, oben)

Tapas (siehe Rezepte S. 62, 63, 64 und 66)

Garnelen in Tomaten-Safran-Sauce

GAMBES A LA MALLORQUINA

24 mittelgroße rohe Garnelen
(mit Schale, aber ohne Köpfe)
1 mittelgroße Gemüsezwiebel
4 Tomaten, 8 Safranfäden, 6 EL Olivenöl
4 Knoblauchzehen
1 kleine getrocknete Chilischote
Salz, Pfeffer aus der Mühle
2 cl Brandy, 1 Zweig Zitronenmelisse
1 Zweig Minze, $1/4$ Bund Petersilie
1 Zitrone

Die Garnelen kalt abspülen und trockentupfen. Die Zwiebel schälen und klein würfeln. Die Tomaten überbrühen und häuten, die Kerne entfernen und das Fruchtfleisch würfeln. Den Safran in 3 EL warmem Wasser einweichen. In einer Pfanne das Olivenöl stark erhitzen und die Garnelen von beiden Seiten 30 Sekunden braten, aus der Pfanne nehmen und in einer Greixonera (siehe Seite 50) warm halten.

Im Öl bei Mittelhitze die Zwiebel mit den ganzen Knoblauchzehen glasig braten. Tomaten hinzufügen und mitdünsten. Chilischote und Safran mit dem Einweichwasser zufügen und aufkochen, mit Salz und Pfeffer abschmecken. Die Mischung über die Garnelen verteilen. Brandy darüber träufeln und die Garnelen in ca. 10 Minuten im Backofen bei 220 °C (Umluft 200 °C; Gas Stufe 5) fertig garen.

Die Kräuter waschen, die Blättchen hacken. Zitrone waschen, abtrocknen und vierteln. Die Form aus dem Ofen nehmen, die Garnelen in kleine Schalen geben, mit Kräutern bestreuen. Die geviertelte Zitrone dazulegen.

(siehe Foto Seite 65, unten)

Kroketten mit Stockfisch

CROQUETES DE BACALLÀ

400 g Stockfisch (getrockneter Kabeljau)
100 g Spinat, 1 große Zwiebel
100 g Butter, 90 g Mehl
$^1/_2$ l Milch
weißer Pfeffer und Muskatnuß
Öl für die Form
Mehl zum Wälzen
1 Ei
Semmelbrösel
Öl zum Ausbacken

Den Fisch in gleich große Stücke teilen. 24 Stunden lang wässern und das Wasser mehrmals erneuern. Abtropfen lassen und mit einem Leinentuch abtrocknen. Haut und Gräten entfernen. Fisch mit dem Pürierstab zerkleinern und beiseite stellen.

Spinat putzen, waschen und gut abtropfen lassen. $^1/_4$ l Wasser in einem Topf erhitzen, Spinat zufügen und 2 Minuten garen. Abgetropft gut ausdrücken und hacken. Die Zwiebel pellen und fein hacken. Butter in einem Topf erhitzen und die Zwiebel darin weich schmoren. Mehl einstreuen und umrühren. Nach und nach die Milch zugießen, dabei ständig rühren. Den Spinat und den Fisch zufügen und mit Pfeffer und Muskatnuß würzen. 3–4 Minuten köcheln und vom Herd nehmen. Eine Form leicht einölen, die Mischung hineinfüllen, verstreichen und abkühlen lassen.

Aus der Masse längliche Kroketten formen. In Mehl, Ei und Paniermehl wälzen und in reichlich heißem Olivenöl ausbacken. In kleinen Schälchen servieren.

Kleine Tintenfische

CALAMARS PETITS

500 g kleine Tintenfische bzw. küchenfertige Kalmare
4 kleine weiße Zwiebeln, fein gehackt
1 rote Paprikaschote, in kleine Würfel geschnitten
4 EL Olivenöl
Salz und weißer Pfeffer
1 Lorbeerblatt
4 Knoblauchzehen
2 EL Pinienkerne
2 EL Rosinen
100 ml Weißwein
1 EL gehackte Petersilie

Tintenfische waschen und abtropfen lassen, im heißen Olivenöl braten, salzen und pfeffern. Zwiebel- und Paprikawürfel zufügen. Lorbeerblatt, Knoblauchzehen, Pinienkerne und Rosinen zugeben. Weißwein angießen und die Petersilie einstreuen. 100 ml Wasser zufügen und alles 20 Minuten lang auf kleiner Flamme köcheln lassen.
Mit Salz und Pfeffer abschmecken und heiß in kleinen Schälchen servieren.

Ausgebackene Hühnerfilets

FILETS DE POLLASTRE ARREBOSSATS

4 Hühnerbrüste
2 Knoblauchzehen
Salz, Pfeffer aus der Mühle
1 TL Paprikapulver
Saft von 1 Zitrone
10 g frische Hefe
200 ml Bier
50 ml Olivenöl
150 g Mehl
1 EL gehackte Petersilie
2 Eiweiß

Außerdem:
Olivenöl zum Ausbacken

Die Hühnerbrüste waschen, trockentupfen und in jeweils 6 Streifen schneiden. Die Knoblauchzehe mit dem Salz im Mörser zerstoßen und die Fleischstreifen damit einreiben. Mit Paprikapulver bestreuen und dem Zitronensaft beträufeln.

Hefe in dem Bier in einer Schüssel auflösen. Olivenöl zugeben und vermischen. Mehl und Petersilie einrühren und mit den Zutaten in der Schüssel zu einem dickflüssigen Teig mischen.

Schüssel abdecken und den Teig gehen lassen, bis sich sein Volumen etwa verdoppelt hat. Eiweiß zu Schnee schlagen und unter den Teig heben. Fleischstreifen durch den Teig ziehen und in reichlich Olivenöl ausbacken.

Hackfleischbällchen

PILOTES

500 g Lammfleisch, zweimal durchgedreht
1 Scheibe Bauernbrot
$^1/_2$ Tasse Milch
2 EL gehackte Petersilie
1 TL gehackte Minze
1 Prise geriebene Muskatnuß
Salz, Pfeffer aus der Mühle
1 Ei
5 Knoblauchzehen
1 mittelgroße weiße Zwiebel
2 Tomaten
4 Möhren
200 g Champignons
4 EL Olivenöl zum Braten
100 ml Weißwein
Fleischbrühe
30 g geröstete Pinienkerne
1 Prise Zimtpulver
Außerdem:
Mehl zum Wälzen, Olivenöl zum Ausbacken

Lammfleisch in eine Schüssel geben. Das Brot in der Milch einweichen, etwas ausdrücken und zufügen. Mit den Kräutern, Muskatnuß, Salz, Pfeffer und Ei gut vermischen. Den Fleischteig zu walnußgroßen Bällchen formen, in Mehl wälzen und in Olivenöl ausbacken. Die ausgebackenen Fleischbällchen in eine Greixonera geben.
Knoblauch und Zwiebel pellen, die Zwiebel grob hacken. Tomaten überbrühen, enthäuten und grob zerkleinern. Möhren waschen, schälen und würfeln. Champignons waschen, in Scheiben schneiden und beiseite stellen. Olivenöl erhitzen, nacheinander 4 Knoblauchzehen, Zwie-

beln, Möhren und Tomaten hineingeben und ca. 5 Minuten schmoren. Mit Weißwein aufgießen und die Flüssigkeit etwas einkochen lassen. Diese Mischung über die Fleischbällchen ziehen. Die Fleischbrühe zugießen, bis alles Fleisch gerade bedeckt ist. Im Backofen bei 180 °C (Umluft 160 °C; Gas Stufe 3) 40 Minuten garen. Nach 20 Minuten die Champignons zufügen.

Pinienkerne in einer Pfanne trocken rösten und mit der übrigen Knoblauchzehe und etwas Zimt im Mörser zerstoßen. Zu den Fleischbällchen geben, umrühren und zu Ende garen. In kleine Schälchen füllen und mit Bauernbrot servieren.

Salate, Vorspeisen und kleine Zwischengerichte

Salate, speziell Blattsalate, sind eigentlich nicht häufig in der traditionellen mallorquinischen Küche. Aber es gibt inzwischen verschiedene Salatrezepte, und auch auf den Speisekarten der Restaurants nehmen sie heute einen gewissen Platz ein.

Trampó aus Paprikaschoten, Tomaten und Zwiebeln ist auch in anderen Mittelmeerländern bekannt. Im Gegensatz zu den anderen Varianten enthält dieser typisch mallorquinische Salat jedoch keine Blattsalate. Das Wichtigste ist, nur reife, frische Zutaten zu verwenden, denn sie haben das beste Aroma.

Die herzhaften Gemüsesalate ersetzen durchaus auch mal eine Mahlzeit. Die Rezepte sind nicht festgelegt – meist besteht so ein Salat aus Kartoffeln, grünen Bohnen, Möhren, Erbsen, kleinen, in Viertel geschnittenen Artischocken und gekochten Eiern.

Besonders beliebt sind auf Mallorca Salate mit Meeresfrüchten oder Fisch oder beidem. Sie werden fast immer mit einer leichten Olivenöl-Zitronensaft-Marinade angemacht.

Tortillas sind kleine Omeletts, die entweder mit Gemüse, mit Kartoffeln oder mit Gambas (mallorquinisch: *Gambes*) serviert werden. Man ißt sie in kleine Segmente geschnitten als Tapas, als Vorspeise oder auch mal als leichtes Hauptgericht.

An allen Küsten des Mittelmeeres werden gegrillte Sardinen gegessen, und in den meisten Familien sind sie sehr beliebt. Im Sommer findet man sie auf der Speisekarte fast jedes mallorquinischen Restaurants.

Pa amb oli kann man mit Fug und Recht als ein original

Tortilla mit grünem Spargel (siehe Rezept S. 83)

mallorquinisches Rezept bezeichnen. Es bedeutet »Brot mit Öl« und wird ausgesprochen: Pamboli. Die Legende erzählt, daß König Jaume I. der Eroberer auf einem seiner Streifzüge hungrig auf einer kleinen Finca Rast machte, wo ihm der Bauer Brot mit Olivenöl, Salz, Tomaten und Knoblauch vorsetzte. Der König aß mit großem Appetit und kommentierte dann höchst befriedigt: »Ben dinat«, was soviel heißt wie »gut gegessen«. An Stelle der kleinen Finca steht heute ein Schloß, das den Namen *Bendinat* trägt.

Sommersalat

TRAMPÓ

2 mittelgroße weiße Zwiebeln
3 grüne Spitzpaprikaschoten
4 mittelgroße Strauchtomaten
1 EL Rotweinessig
4 EL Olivenöl
Salz, Pfeffer aus der Mühle

Die Zwiebeln pellen und in große Würfel oder dünne Ringe schneiden. Die Tomaten waschen und in Achtel schneiden. Die Paprikaschoten halbieren, Stielansatz und Kerngehäuse entfernen und eben falls groß würfeln. Die Gemüse in einer Schüssel vermischen. Aus Essig, Olivenöl, Salz und Pfeffer eine Marinade rühren und unterheben. Mit Bauernbrot servieren.

Bunter Kartoffelsalat

Ensalada de mongetes verdes, tomàtiga,
patates i pebres

4 gekochte Kartoffeln
150 g grüne Bohnen
1 Paprikaschote
1 große Fleischtomate
50 g Feldsalat
8 mit Anchovis oder Mandeln gefüllte Oliven
1 EL Kapern
6 Sardellenfilets
1 $1/2$ EL Olivenöl
4 EL Essig
Salz
$1/2$ EL Senf
1 Prise Zucker

Die gepellten Kartoffeln in Scheiben schneiden. Die Bohnen putzen, waschen und in Salzwasser ca. 10 Minuten garen. Sie sollen bißfest sein.
Die Paprika unter den heißen Grill legen, bis die Haut Blasen wirft, dann wenden, herausnehmen und mit einem feuchten Tuch bedecken. 10 Minuten ruhen lassen und anschließend die schwarz-braune Haut abziehen. Das Fruchtfleisch in Streifen schneiden.
Die Fleischtomate waschen und in große Würfel schneiden. Feldsalat waschen, abtropfen lassen und die Blätter auf eine Platte legen.
Kartoffeln, Bohnen, Tomatenwürfel sowie Paprikastreifen darauf verteilen und mit den Oliven, Kapern und Sardellenfilets dekorieren.
Aus Olivenöl, Essig, Salz, Senf und Zucker eine Marinade rühren und darüberträufeln. Mit Bauernbrot servieren.

Tomatensalat mit Eiern

ENSALADA DE TOMÀTIGA AMB OUS BOLLITS

1 kleiner Eichblattsalat
20 Kirschtomaten
8 hart gekochte Eier
1 Bund Frühlingszwiebeln
200 g gewürfelter gekochter Schinken
1 Knoblauchzehe
1 Prise Paprikapulver
2 EL Olivenöl
1 EL Essig
Salz, Pfeffer aus der Mühle
2 EL kleine Kapern

Eichblattsalat putzen, waschen und die Blätter abtropfen lassen. Die Salatblätter zerkleinern und auf vier Tellern oder einer Salatplatte anrichten.

Die Tomaten waschen und halbieren. Die Eier pellen und vierteln. Frühlingszwiebeln waschen, putzen und klein schneiden. Mit den Schinkenwürfeln und den Salatblättern vermischen.

Knoblauch durch die Presse drücken, mit Paprikapulver, Olivenöl, Essig, Salz und Pfeffer vermischen. Die Salatsauce unter den Salat heben, die Kapern darüberstreuen und die Eier und Tomaten abwechselnd darauf setzen.

Eintopf mit weißen Bohnen und Eintopf mit dicken Bohnen, Linsen und Artischocken (siehe Rezepte S. 92 und 94)

Gemischter Gemüsesalat

ENSALADA DE VERDURA

200 g grüne Bohnen
200 g Möhren
Salz, Pfeffer aus der Mühle
4 Pellkartoffeln
4 EL Olivenöl
2 EL Essig
4 hart gekochte Eier
2 reife Tomaten
1 Endivienherz (der innere gelbe Teil)
150 g gekochter Schinken

Bohnen putzen, waschen und in Salzwasser ca. 10 Minuten bißfest kochen. Abtropfen und abkühlen lassen. Möhren waschen, putzen und in dünne Scheiben schneiden.

Wasser und etwas Salz in einem Kochtopf zum Kochen bringen und die Möhren 5 Minuten blanchieren, abtropfen und abkühlen lassen.

Die Kartoffeln pellen und in Scheiben schneiden.

Die Möhren in eine Schüssel geben. Olivenöl, Essig, Salz und Pfeffer verrühren und untermischen. Bohnen und Kartoffeln unter die Möhren heben.

Die hart gekochten Eier pellen und vierteln. Die Tomaten waschen und würfeln, Endivienblättchen waschen und trockenschleudern. Schinken würfen.

Den Salat mit Tomaten und Schinken bestreuen und mit den Eierachteln und den Endivienblättern garnieren. Mit Bauernbrot servieren.

Garnelensalat

1 Staude Sellerie
1 kleiner Friséesalat
36 mittelgroße gekochte, geschälte Garnelen
3 EL Olivenöl
Saft von 1 Orange
1 EL Zitronensaft
Salz, weißer Pfeffer
1 EL frischer, gehackter Estragon

Staudensellerie und Frisée putzen, waschen und abtropfen lassen. In mundgerechte Stücke teilen und Salatblätter sowie Selleriestücke auf Teller verteilen. Die Garnelen darauf anrichten.

Olivenöl mit dem Zitronensaft dick aufschlagen, den Orangensaft unterrühren und mit Salz und wenig Pfeffer würzen.

Zum Schluß den Estragon unterheben. Die Sauce kurz vor dem Servieren über den Salat ziehen.

Meeresfrüchte-Salat

ENSALADA DE MARISC

1 gekochter Langustenschwanz
100 g Garnelen
200 g gekochter Tintenfisch
1 Bund Feldsalat
3 EL Olivenöl
1 EL Zitronensaft
$\frac{1}{2}$ Bund Frühlingszwiebeln, gehackt
Salz und Pfeffer aus der Mühle
2 reife Tomaten
200 g gebratenes Fischfilet
100 g Miesmuscheln aus der Dose

Den Langustenschwanz schälen und in Medaillons schneiden. Garnelen schälen. Tintenfisch in Würfel schneiden. Feldsalat und Endiviensalat waschen und die Blätter abtropfen lassen.
Olivenöl, Zitronensaft, Frühlingszwiebeln, Salz und Pfeffer zu einer Marinade verrühren und beiseite stellen. Tomate überbrühen, häuten und in kleine Würfel schneiden. Teller mit Feldsalat belegen. Tomatenstücke darauf verteilen. Gemischte Meeresfrüchte auf die Mitte des Tellers legen. Alle Zutaten mit der Marinade beträufeln.

Thunfischsalat

ENSALADA DE TONYINA

1 Kopfsalat
200 g Thunfisch in Olivenöl
2 reife Tomaten
4 hart gekochte Eier
50 g schwarze Oliven
2 EL Kapern
150 g geraspelte Möhren
3 fein gehackte rote Zwiebeln
3 EL Olivenöl
1 EL Zitronensaft
Salz, Pfeffer aus der Mühle

Kopfsalat putzen, waschen und die Blätter abtropfen lassen. Salatblätter auf vier Teller verteilen. Das Olivenöl vom Thunfisch abgießen. Den Thunfisch mit einer Gabel zerpflücken und auf die Mitte der Salatblätter häufen.
Die Tomaten waschen, in Scheiben schneiden. Die Eier pellen, vierteln und mit den Tomaten, Oliven und Kapern auf die Salatblätter geben. Mit den geraspelten Möhren und den Zwiebelwürfeln bestreuen. Olivenöl, Zitronensaft, Salz und Pfeffer vermischen und über den Salat träufeln.

Salat mit gegrillten Sardinen

ENSALADA DE GERRET

800 g frische, küchenfertige Sardinen oder
kleine Heringe
2 große, gehackte Knoblauchzehen
2 EL gehackte Petersilie
2 EL Olivenöl
4 EL Zitronensaft
1 Endivienherz (der innere gelbe Teil)
1 Bund Frühlingszwiebeln
2 reife Tomaten
Salz

Die Sardinen auf dem sehr heißen Grill oder in einer großen, heißen Pfanne mit etwas Öl braten. Haut abziehen. Vorsichtig filetieren und alle Gräten entfernen. Fischfilets auf einen großen Teller legen, mit Knoblauchwürfeln und Petersilie bestreuen. Olivenöl mit Zitronensaft vermischen und darüber träufeln. Endivienblätter waschen und auf vier Teller verteilen. Frühlingszwiebeln putzen, waschen, klein schneiden und darüber streuen. Tomaten waschen und grob würfeln. Sardinenfilets drauflegen, Fischsud vom Teller darüber gießen und dazu Bauernbrot servieren.

Tortilla mit grünem Spargel

TORTILLA AMB ESPARRAGOS SILVESTRES

4 Bund wilder Spargel oder
750 g – 1 kg grüner Spargel mit möglichst
dünnen Stangen
Olivenöl
1 Knoblauchzehe
$\frac{1}{2}$ Bund Petersilie
8 Eier, Salz

Den Spargel waschen und die holzigen Enden abschneiden. Die Spargelstangen in etwa 3 cm lange Stücke schneiden und mit wenig Olivenöl in einer Pfanne dünsten. Knoblauch fein würfeln und mit etwa 3 EL Wasser dazugeben. Die Petersilie waschen und hacken. Die Eier mit Salz verrühren und die Petersilie zufügen. Den Pfanneninhalt unter die Eier ziehen. Die Pfanne auswischen, nochmals etwas Olivenöl darin erhitzen und die Eiermischung hineingeben, die Hitze reduzieren, einen Deckel auflegen und stocken lassen. Die Tortilla auf einen Teller gleiten lassen und in Achtel schneiden.

(siehe Foto Seite 73)

Tortilla mit Spinat und Garnelen

TORTILLA AMB ESPINACAS Y GAMBES

250 g Spinat
8 Eier
Salz
100 g gekochte kleine Garnelen
Olivenöl

Den Spinat verlesen und waschen. Etwas Wasser zum Kochen bringen und den Spinat 2 Minuten darin blanchieren. Herausnehmen, ausdrücken und klein schneiden. Die Eier mit Salz verrühren, den Spinat und die Garnelen zufügen. Das Olivenöl in einer Pfanne erhitzen und die Eier hineingießen. Die Hitze reduzieren. Einen Deckel auflegen und stocken lassen.

Tip: Auf diese Weise kann man noch viele weitere Tortillas mit gemischten Gemüsen, Zucchini oder nur mit gekochten, in Scheiben geschnittenen Kartoffeln herstellen.

Bauernbrot mit Olivenöl

PA AMB OLI

4 Scheiben ungesalzenes Bauernbrot
4 Knoblauchzehen
2 Tomaten
Olivenöl
Salz

Die Brotscheiben toasten. Die Knoblauchzehen anschnei-
den und das getoastete Brot damit einreiben. Die Tomaten
halbieren, je eine Hälfte auf das Brot reiben. Olivenöl darauf träufeln und mit Salz bestreuen.
Dazu kann man luftgetrockneten Schinken (Serrano), Oliven, Kapernfrüchte und sauer eingelegtes Gemüse servieren.

Suppen und Eintöpfe

Wie sehr Mallorcas Küche von bäuerlichen Traditionen lebt, wird vor allem in den herzhaften Suppen und Eintöpfen deutlich. Das ganze Jahr hindurch bieten Gärten und Felder Kartoffeln, Artischocken, dicke Bohnen, Blumenkohl, Kohl, Paprika, Zwiebeln – Zutaten für deftige Eintöpfe, die in guten Zeiten mit Fleisch und Wurst, Geflügel oder Fisch angereichert werden. Und wenn die Zeiten schlecht waren, wurden die nahrhaften, immer verfügbaren Hülsenfrüchte wie Erbsen, Linsen, weiße Bohnen und Kichererbsen, die über viel pflanzliches Eiweiß verfügen, den Eintöpfen beigegeben.

Es gibt neben der berühmten *Sopes mallorquin*, die gar keine Suppe ist, sondern eher ein dickes Gemüsegericht, das in der Greixonera serviert wird, unzählige Suppen- und Eintopfgerichte, die seit jeher ihren festen Platz im mallorquinischen Alltag haben. Wie beispielsweise die *Sopa baba*. Obwohl sie nach einem sehr alten mallorquinischen Rezept hergestellt wird, kennt man sie als *Sopa de almendra* auch auf dem spanischen Festland. Vermutlich haben die Aragoneser, die im 15. Jh. über Mallorca herrschten, das Rezept mitgenommen.

Auch die Weihnachtssuppen, *Sopa de Nadal* oder *Sopa farcida de Nadal*, haben eine alte Tradition. Mit einer dieser Suppen beginnt das Weihnachtsmenü. Meistens wird ein Truthahn mit Mandeln serviert. Alle Truthahnteile, die nicht verwendet werden, gibt man in die Suppe, zusammen mit vielen anderen guten Zutaten.

Das Rezept der zweiten Weihnachtssuppe stammt vermutlich von sizilianischen Familien, die im 18. Jahrhundert, nachdem die Pest die mallorquinische Bevölkerung ziemlich dezimiert hatte, angesiedelt wurden.

Eines der ältesten Suppenrezepte ist *Pancuit*. Der Name bedeutet soviel wie »gekochtes Brot«, und eigentlich wird das Brot nur zum Andicken der Suppe gebraucht, denn es handelt sich tatsächlich um eine Knoblauchsuppe. Sie wird gerne im Juni zubereitet, wenn der Knoblauch ganz frisch ist. Statt Brot verwendet man übrigens auch häufig die leicht gesalzenen Kekse – *galletas* – aus Inca.

Weihnachtssuppe mit gefüllten Nudeln

SOPA FARCIDA DE NADAL

100 g Rindfleisch
100 g mageres Schweinefleisch
1 TL fein gehackte Kräuter
(Hierbabuena, Thymian, Fenchelkraut, Petersilie)
2 verquirlte Eier
Salz, Pfeffer aus der Mühle
300 g große Muschelnudeln
2 l Hühnerbrühe
100 g junge Erbsen in der Schale
1 gekochte, in feine Scheiben geschnittene Hühnerbrust

Rindfleisch und Schweinefleisch zweimal durch den Fleischwolf drehen. Diese Mischung zusammen mit den Kräutern, den verquirlten Eiern, Salz und etwas Pfeffer in eine Schüssel geben und gut verkneten. Die Muschelnudeln mit dieser Mischung füllen.
Die Hühnerbrühe zum Kochen bringen und die gefüllten Muschelnudeln einlegen. Etwa 20 Minuten ziehen lassen, dann die Erbsen und Hühnerbruststreifen zugeben. Weitere 15 Minuten köcheln lassen. Mit Salz abschmecken und vom Herd nehmen. Nach einigen Minuten servieren.

Weihnachtssuppe

SOPA DE NADAL

2 EL Schweineschmalz
$^1\!/_2$ Huhn
500 g Ochsenschwanz
2 Truthahn- oder Hühnerflügel
200 g Möhren, gewürfelt
200 g Lauch, in Stücke geschnitten
3 Zwiebeln, gewürfelt
200 g Sellerie, in Stücke geschnitten
1 $^1\!/_4$ l Hühnerbrühe
Salz, weißer Pfeffer
$^1\!/_4$ Wirsing, in Streifen geschnitten
100 g Blumenkohlröschen
50 g Zuckererbsen
150 g geröstetes Brot für die Suppe
50 g Sobrasada (siehe Seite 57)
1 Scheibe Brot, gewürfelt
$^1\!/_2$ Tasse Milch
2 Eier
1 Prise geriebene Muskatnuß
1 Bund frische Kräuter
(Hierbabuena, Thymian, Oregano, Petersilie)
1 Lorbeerblatt

Schweineschmalz in einem großen Topf erhitzen. Das zer-
teilte Huhn, den zerhackten Ochsenschwanz und die
Truthahnflügel zufügen und anbraten. Möhren, Lauch,
Zwiebeln und Sellerie zum Fleisch geben, kurz andünsten
und Brühe angießen. Mit etwas Salz würzen und bei mitt-
lerer Hitze 2 Stunden köcheln lassen.
Wenn das Fleisch gar ist, den Topf vom Herd nehmen, die
Brühe durch ein Sieb gießen und erneut erhitzen. Das
Fleisch von den Knochen lösen und warm stellen. Den

Wirsing in die Suppe geben. Nach 10 Minuten den Blumenkohl und nach 5 Minuten die Zuckererbsen zufügen. Die Milch mit den Eiern verquirlen und in die Suppe rühren. Nach Belieben mit Salz abschmecken.

Das geröstete Brot auf die Suppenteller verteilen. Darauf die Wurstscheiben sowie das in Stücke geschnittene Fleisch geben. Mit Brühe und den heißen Gemüsestücken aufgießen, mit den gehackten Kräutern bestreuen und sofort servieren.

Mandelsuppe

SOPA BABA

$^{1}/_{2}$ Huhn (ca. 750 g)
1 kleiner Schinkenknochen
200 g geräucherter Schinkenspeck
350 g Rindfleisch, fein gewürfelt
1 Suppenknochen
2 Möhren
1 Zwiebel
$^{1}/_{2}$ Staude Sellerie
3 getrocknete Tomaten
2 Stangen Lauch
200 g fein gemahlene Mandeln
100 g gebratene Hühnerleber
4 hart gekochte Eigelb
3 Scheiben Bauernbrot
1 EL Olivenöl
Salz

Huhn, Schinkenknochen und -speck, Rindfleisch und Suppenknochen in kaltes Wasser geben. Möhren waschen, schälen und in dünne Scheiben, gepellte Zwiebel in Würfel schneiden. Stangensellerie waschen, putzen und dünn schnippeln. Die getrockneten Tomaten in Streifen schneiden. Den Lauch gut waschen und in Ringe schneiden.

Alles in den Topf geben und aufkochen. Hitze reduzieren und das Ganze 1 Stunde zu einer kräftigen Brühe kochen. Dabei immer wieder den Schaum abschöpfen.

Huhn und Schinken herausnehmen und die Brühe durch ein Sieb gießen. In den Topf zurückgeben, die Mandeln zufügen und einige Minuten kochen. Die Hühnerleber klein schneiden und mit den Eigelben im Mörser zerstoßen, dann in die Suppe rühren.

Das Brot würfeln und im heißen Olivenöl zu Croûtons braten. Hühnerfleisch und Schinken in sehr kleine Stücke schneiden und auf 4 Teller verteilen. Die Suppe mit Salz abschmecken, darauf gießen und mit den Croûtons bestreuen.

Eintopf mit weißen Bohnen

ESCUDELLA DE MONGETES BLANQUES

250 g Schweinerippen
200 g magerer Bauchspeck
400 g weiße Bohnen
1 mittelgroße Zwiebel
1 Knoblauchzehe
2 EL Olivenöl
200 g Kartoffeln
4 getrocknete Tomaten
1 Zweig Thymian
1 Zweig Majoran
1 kleine Blutwurst
4 Mangoldblätter
100 g Sobrasada (siehe Seite 57)
1 TL Paprikapulver
1 TL Mehl
einige Blättchen Minze

Am Vortag die Schweinerippen in $1^1/_2$ l kaltes Wasser legen und aufkochen. Den Schweinespeck zufügen und ca. 1 Stunde lang kochen. Abkühlen lassen und das Fett abschöpfen. Die weißen Bohnen einweichen.
Die Zwiebel und die Knoblauchzehe pellen und in kleine Würfel schneiden. 1 EL Olivenöl erhitzen, Zwiebel und Knoblauchwürfel darin andünsten. Die Fleischbrühe dazugießen und zum Kochen bringen. Die Kartoffeln waschen, schälen und klein würfeln. Mit den abgegossenen Bohnen in die Brühe geben und 30 Minuten garen. Dann die Tomaten klein schneiden, mit dem Thymian und dem Majoran in die Suppe geben und mitkochen. Die Blutwurst zufügen und ebenfalls ca. 15 Minuten mitgaren. Eventuell etwas Wasser nachgießen.
Den Mangold waschen, trockentupfen und klein schnei-

den. Sobrasada in Scheiben schneiden. Restliches Olivenöl erhitzen und die Wurst darin auf beiden Seiten braten. Herausnehmen und beiseite stellen. Blutwurst aus der Suppe nehmen und in Scheiben schneiden. Paprikapulver und Mehl in das Fett rühren und diese Mischung in die Suppe geben. Mangold zufügen und ca. 5 Minuten garen. Abschmecken und auf vier Teller verteilen, mit Minzblättchen bestreuen und Sobrasada und Blutwurst getrennt dazu reichen.

(siehe Foto Seite 77)

Eintopf mit dicken Bohnen, Linsen und Artischocken

ESCUDELLA DE FAVRES, LLENTIES I CARXOFES

300 g braune Linsen
400 g junge dicke Bohnen in der Schote oder
350 g frische oder tiefgekühlte dicke Bohnenkerne
2 mittelgroße, längliche Artischocken
4 mittelgroße, fest kochende Kartoffeln
1 große weiße Zwiebel
2 Strauchtomaten
1 Stück Sobrasada (siehe Seite 57)
1 kleine Blutwurst
$\frac{1}{2}$ Bund Petersilie
4 EL Olivenöl
1 Markknochen vom Kalb
1 Lorbeerblatt, 2 Stengel Majoran
1 Knolle Knoblauch
Salz, Pfeffer aus der Mühle

Linsen am Vorabend einweichen. Am nächsten Tag mit frischem Wasser bedeckt 15–20 Minuten kochen, dann abkühlen lassen. Frische Bohnenschoten waschen, entstielen und abfädeln. Die Schoten in Stücke schneiden, die Bohnenkerne abspülen. Von den Artischocken die harten Außenblätter abzupfen, von den übrigen die Spitzen abschneiden. Das »Heu« im Inneren ausschaben, die Stiele schälen. Die Artischocken waschen und achteln.
Die Kartoffeln schälen, waschen und in Stücke schneiden. Zwiebeln pellen und fein würfeln. Die Tomaten überbrühen, schälen und das Fruchtfleisch in Würfel schneiden. Die Sobrasada würfeln, die Blutwurst in dickere Scheiben schneiden. Die Petersilie waschen, trockenschwenken und die Blättchen fein hacken.

Das Öl in einem gußeisernen Topf erhitzen, die Zwiebel darin glasig braten, die Tomaten- und Wurststücke zufügen und kurz mitschmoren.

Den Markknochen abspülen und mit den dicken Bohnen, den Artischocken, Lorbeerblatt, Petersilie und Majoran in den Topf geben. $^3/_4$ l Wasser zugießen und langsam zum Kochen bringen. Von der Knoblauchknolle die harten Häutchen entfernen und mit den Kartoffeln zufügen.

Zudecken und 25 Minuten bei schwacher Hitze kochen. Den Knochen herausnehmen, das Mark herauslösen, durch ein Sieb passieren und unterrühren. Die gegarten Linsen ebenfalls einrühren und ca. 5 Minuten miterhitzen. Den Knoblauch aus den Häutchen drücken oder die Knolle nach Belieben entfernen. Das Gericht mit Salz und Pfeffer abschmecken und servieren.

(siehe Foto Seite 77)

Brotsuppe

Pancuit

6 Scheiben trockenes Bauernbrot
oder 12 Incakekse (*galletas*, leicht gesalzene trockene Kekse)
$^1/_4$ l Milch
8 Knoblauchzehen
Salz
2 Tomaten
3 EL Olivenöl
1 l Fleischbrühe
scharfes Paprikapulver
6 Eier
2 EL gehackte Petersilie

Brot oder Kekse in der Milch einweichen. Die Knoblauchzehen pellen und mit etwas Salz in einem Mörser zerstoßen. Die Tomaten überbrühen, enthäuten und grob
hacken. Das Olivenöl in einem großen Topf erhitzen.
Knoblauch mit dem Salz zugeben und leicht anbraten. Tomaten und ausgedrücktes Brot zufügen, ca. 3 Minuten
schmoren. Die Brühe dazugießen und alles 20 Minuten
köcheln lassen. Danach mit dem Stabmixer sämig rühren.
Mit Paprikapulver würzen. Die Eier verquirlen, zufügen
und mit Salz abschmecken. Mit Petersilie bestreut servieren.

Reis mit Tintenfischen und Gemüse (siehe Rezept S. 118)

Wintereintopf

2 EL Olivenöl
200 g gewürfelter Speck
2 Knoblauchzehen
1 mittelgroße Zwiebel
1 Tomate
2 l Fleischbrühe
4 Kartoffeln
200 g Erbsen, 400 g dicke Bohnen und
150 g grüne Bohnen, jeweils frisch oder tiefgekühlt
$^1/_4$ Wirsing
2 Zweige Oregano
1 Lorbeerblatt
2 kleine Blutwürste
100 g Mangold
Salz, Pfeffer aus der Mühle

Das Olivenöl erhitzen und den gewürfelten Speck darin anbraten. Knoblauchzehen und Zwiebel pellen, fein würfeln und zufügen. Die Tomate überbrühen, enthäuten, klein schneiden und zufügen. Alles ca. 2 Minuten schmoren, dann die Fleischbrühe zugießen und zum Kochen bringen.

Kartoffeln waschen, schälen, würfeln und in die Brühe geben. Erbsen, dicke und grüne Bohnen zufügen. Wirsing waschen, in Streifen schneiden, mit dem Oregano und dem Lorbeerblatt zufügen und 15 Minuten köcheln lassen. Die Blutwürste zufügen und mitgaren.

Mangold putzen, waschen, trockentupfen, in Streifen schneiden und zufügen. Noch ca. 3 Minuten köcheln lassen, mit Salz und Pfeffer abschmecken. Mit Bauernbrot servieren.

Traditioneller mallorquinischer Gemüse-Eintopf

SOPES MALLORQUIN

½ Wirsing, ½ Blumenkohl, 1 Stange Lauch
1 große Gemüsezwiebel
100 g Zuckererbsen, 100 g grüne Bohnen
2 EL Schweineschmalz, 100 ml Olivenöl
4 Knoblauchzehen, in feine Scheiben geschnitten
2 Tomaten, grob gehackt
¼ l Fleischbrühe
1 TL Paprikapulver
250 g getrocknete feine Scheiben Bauernbrot
1 Bund Petersilie, gehackt

Das Gemüse putzen und waschen. Den Wirsing in breite Streifen schneiden, den Blumenkohl in Röschen teilen und den Lauch in Ringe schneiden. Die Gemüsezwiebel hacken, Zuckererbsen und Bohnen in mundgerechte Stücke schneiden.

Schweineschmalz und die Hälfte des Olivenöls in einem gußeisernen Topf erhitzen, die Zwiebel, den Lauch und den Knoblauch darin andünsten. Dann die Tomatenwürfel zufügen und bei schwacher Hitze etwas einkochen lassen. Den Wirsing und die Bohnen kurz mitschmoren und die Fleischbrühe dazugießen. Restliche Gemüse dazugeben und mit Paprikapulver würzen und ca. 10 Minuten köcheln lassen.

Das übrige Olivenöl in die Greixonera geben und schwenken, so daß die gesamte Tonpfanne mit Olivenöl benetzt ist. Mit den Brotscheiben auslegen. Darauf das Gemüse schichten und mit der Petersilie bestreut im vorgeheizten Ofen bei 150 °C (Umluft 130 °C; Gas Stufe 2) 10 Minuten backen.

Kichererbseneintopf

Escudella de cuirons

400 g Kichererbsen
100 g durchwachsener Räucherspeck
500 g Schweinerippe
2 Lorbeerblätter
500 g Kartoffeln
250 g Mangold
$^1/_2$ Zwiebel
2 Stangen Lauch
200 g Gartenkürbis
50 ml Olivenöl
2 kleine Blutwürste (ca.100 g)
Salz, scharfes Paprikapulver

Die Kichererbsen mit Wasser bedecken und über Nacht einweichen. Soviel Wasser angießen, daß die gesamte Flüssigkeit ca. 2 zu 1 entspricht.

Den Speck in Würfel schneiden, dann mit der Schweinerippe und den Lorbeerblättern in den Topf geben und die Suppe langsam zum Kochen bringen. Ca. 1 Stunde köcheln lassen. In der Zwischenzeit die Kartoffeln schälen und würfeln, den Mangold waschen und die Blätter in Streifen schneiden, die Zwiebel pellen und würfeln. Den Lauch waschen und nur das Weiße in Ringe schneiden, den Rest entfernen. Den Kürbis schälen und in kleine Würfel schneiden. Das Gemüse und das Olivenöl in die Suppe geben und bei mittlerer Hitze ca. $^1/_2$ Stunde weiter garen. Dann die Blutwürste zufügen und den Eintopf nochmals 20 Minuten köcheln. Zum Schluß mit Salz und scharfem Paprikapulver abschmecken. Das Fleisch und die Wurst herausnehmen, in mundgerechte Stücke schneiden und zum Eintopf servieren.

Eintopf mit Bohnen und Artischocken

ESCUDELLA DE FAVRES I CARXOFES

5 zarte kleine Artischocken
etwas Essig
1 EL Schweineschmalz
4 EL Olivenöl
150 g gewürfelter Speck
6 Schalotten
600 g dicke Bohnen
300 g klein geschnittene grüne Bohnen
$^1/_4$ l Brühe
1 Bund frische Kräuter
(Hierbabuena, Minze, Oregano, Thymian)
1 Zitrone
Salz, Pfeffer aus der Mühle
$^1/_2$ EL Mehl

Artischocken von Stiel und äußeren Blättern befreien, harte Spitzen abschneiden und das »Heu« entfernen. Mit dem Essig beträufeln und in Stücke schneiden.
Schweineschmalz und Olivenöl in einem feuerfesten Tontopf erhitzen. Speck darin anbraten. Schalotten schälen, mit den dicken Bohnen zugeben und einige Minuten dünsten. Grüne Bohnen zufügen, alles mit Brühe aufgießen und zugedeckt ca. 15 Minuten auf mittlerer Flamme köcheln lassen. Kräuter, waschen, trockenschütteln und hacken. Mit den Artischocken zugeben.
Den Eintopf salzen und pfeffern. Nach ca. 5 Minuten prüfen, ob die Bohnen gar sind, dann das Mehl unterrühren. Den Topf vom Herd ziehen und den Eintopf servieren.

Cremesuppe mit Meeresfrüchten

CREMA DE MARISC

Für den Fischsud:
400 g gemischte Mittelmeerfische
1 mittelgroße Zwiebel
1 EL Petersilie
300 g reife Tomaten, gehäutet und klein geschnitten
2 klein geschnittene Stangen Lauch
Salz, weißer Pfeffer

Für die Suppe:
300 g Garnelen, 300 g Krebse
100 g Butter
1 Knoblauchzehe
2 fein geschnittene Möhren
2 cl Hierbas seco (herber Kräuterlikör)
1 Lorbeerblatt
1 Prise Paprikapulver, $^1/_2$ TL Fenchelsamen
2 EL Mehl
250 g Miesmuscheln
100 ml Weißwein
geröstete, klein gehackte Safranfäden
200 ml Milch
100 g Sahne
300 g klein geschnittener Seeteufel (Lotte)
etwas Olivenöl

Für den Fischsud die gemischten Mittelmeerfische, $^1/_2$ Zwiebel, etwas Petersilie, 100 g Tomaten, 1 Stange Lauch und etwas Salz in etwa $1^3/_4$ l Wasser zu $1^1/_2$ l Fischsud kochen.
Garnelen schälen und die Schwänze zum Garnieren aufbewahren. Garnelenschalen und Krebse in einem Topf in

Butter schmoren. Knoblauch, übrige Zwiebel, restlichen Lauch und Möhre zugeben.

Wenn alle Zutaten weich sind, mit *Hierbas seco* ablöschen. Nach 2 Minuten übrige Tomaten und Lorbeerblatt zugeben und 5 Minuten köcheln lassen. Mit Salz, Pfeffer, Paprikapulver und 1 Prise Fenchelsamen würzen. Mehl unterrühren. Fischsud zugießen, mit einem Holzkochlöffel umrühren und ca. 15 Minuten köcheln lassen.

Miesmuscheln unter kaltem Wasser bürsten und zusammen mit dem Weißwein in einen kleinen Topf geben. Zugedeckt zum Kochen bringen. Sobald der Wein kocht, den Topf vom Herd nehmen.

Muschelfleisch auslösen und für die Garnitur beiseite legen. Muschelsud in die Suppe gießen und 15 Minuten köcheln lassen. Dann vom Herd nehmen und durch ein Sieb passieren. Erneut erhitzen und die in einem Pfännchen kurz angerösteten Safranfäden zugeben.

Milch und Sahne einrühren und die Suppe mit Salz und Pfeffer abschmecken.

Von der Kochstelle nehmen. Den gewürfelten Seeteufel und die Garnelenschwänze in erhitztem Olivenöl schwenken. Suppe mit Seeteufel, Garnelenschwänzen, Miesmuscheln und Croûtons garniert servieren.

Altmallorquinische Fischsuppe

1 Stange Lauch
4 kleine weiße Zwiebeln
4 Knoblauchzehen
2 mittelgroße Tomaten
1 kg küchenfertige gemischte Mittelmeerfische
2 Petersilienstengel
1 Lorbeerblatt
200 ml Weißwein
Salz, Pfeffer aus der Mühle
je 200 g frische oder tiefgekühlte dicke Bohnen,
Erbsen und grüne Bohnen
wilder grüner Spargel
100 g Zuckererbsen
150 g Champignons
5 kleine Artischocken
4 hart gekochte Eier
6 EL Olivenöl
3 EL gehackte Petersilie
1 TL Paprikapulver
8 dünne Scheiben geröstetes Bauernbrot
einige Safranfäden
einige Minzblättchen

Lauch putzen, waschen und in Stücke schneiden. 1 Zwiebel und 1 Knoblauchzehe pellen und grob hacken. 1 Tomate waschen und grob würfeln. Den Fisch mit den Petersilienstengeln, Lorbeerblatt, Weißwein, Zwiebel- und Knoblauchwürfeln, Lauch und Tomate in 1 l Wasser ca. 20 Minuten köcheln lassen. Mit 1 TL Salz und etwas Pfeffer würzen. Den Sud durch ein Sieb gießen und den Fisch abtropfen lassen. Die Gräten entfernen und die Stücke auf einem Teller beiseite stellen.

Restliche Zwiebeln und Knoblauchzehen pellen und hacken. Die zweite Tomate überbrühen, schälen und grob würfeln. Dicke Bohnen, Erbsen und grüne Bohnen putzen, waschen und abtropfen oder auftauen lassen. Grünen Spargel waschen und die harten Enden abschneiden. Zuckererbsen auf einem Sieb waschen und abtropfen lassen. Champignons kurz abbrausen und in Scheiben schneiden. Artischocken waschen, putzen, die Stengel und die äußeren Blätter entfernen und vierteln. Die Eier pellen und würfeln.

4 EL Olivenöl in einem großen Topf erhitzen, Knoblauch, Zwiebeln und Petersilie zufügen. Anschließend die Tomate und das Paprikapulver dazugeben und köcheln lassen. Das Gemüse und die Pilze zufügen und 15 Minuten bei schwacher Hitze köcheln lassen. Etwas Fischsud angießen. Mit Safranfäden würzen. Die Hälfte der gerösteten Brotscheiben in einer Greixonera (einer weiten, flachen Tonkasserolle also) auslegen. Darauf die Hälfte des Fischs und die Hälfte der hart gekochten Eier verteilen. Mit etwas Olivenöl beträufeln und mit der Hälfte des Gemüses belegen. Den Vorgang wiederholen und mit dem restlichen Fischsud begießen. Die Petersilie darüberstreuen und erneut mit dem restlichen Olivenöl beträufeln. 10 Minuten im Ofen bei 200 °C (Umluft 180; Gas Stufe 4) überbacken und sofort servieren.

Mittelmeerfischsuppe Porto Colom

SOPA DE PEIX DE PORTO COLOM

Für den Fischsud:

500 g küchenfertige gemischte Mittelmeerfische
$\frac{1}{2}$ mittelgroße Zwiebel
1 klein geschnittene Tomate
$\frac{1}{2}$ klein geschnittene Fenchelknolle
3 Stengel Petersilie
1 kleines Lorbeerblatt
1 Stange Lauch

Für die Suppe:

500 g Mittelmeerfisch
$\frac{1}{2}$ l lauwarme Milch
2 Eier
3 Brötchen
150 ml Olivenöl
Salz, Pfeffer
einige Safranfäden
4 Eigelb

Für die Borrida (Würzpaste):

2 geschälte Knoblauchzehen
1 EL gehackte Petersilie
50 g gehackte, geröstete Mandeln

Für den Fischsud $1\frac{1}{4}$ l Wasser in einem Topf zum Kochen bringen. Alle Zutaten zufügen und $\frac{1}{2}$ Stunde köcheln lassen. Dabei ab und zu den Schaum abschöpfen. Den Sud durch ein feines Sieb gießen. Den Fisch abkühlen lassen, das Fleisch auslösen, dabei alle Gräten entfernen und den Fisch auf einem Teller aufbewahren.
Die Milch mit den Eiern in einem Teller verquirlen. Die

Brötchen in nicht zu dicke Scheiben schneiden und durch die Eiermilch ziehen. In heißem Olivenöl auf beiden Seiten braten.

Für die Borrida Knoblauch, Petersilie und Mandeln im Mörser zerstoßen.

Geröstete Brotscheiben in eine Suppenschüssel legen und die Fischstücke darauf verteilen.

Übrigen Fischsud erwärmen, mit Salz und Pfeffer würzen und Safran zugeben. Eigelbe mit etwas kaltem Fischsud verrühren. Paste mit den Eigelben in die Suppe rühren und nicht mehr kochen lassen. Die Fischsuppe in eine Suppenschüssel füllen und sofort servieren.

Linsen mit Meeresfrüchten

LLENTIES AMB MARISC

400 g grüne Linsen
1 l Gemüsebrühe
500 g küchenfertige Tintenfische
4 Tomaten
4 Knoblauchzehen
1 Zwiebel
4 EL Olivenöl
Salz, Pfeffer aus der Mühle
100 ml Weißwein
12 Garnelen
12 Miesmuscheln aus der Dose
250 g Venusmuscheln aus der Dose
Paprikapulver
2 EL gehackte Petersilie

Die Linsen in der Gemüsebrühe etwa 45 Minuten garen. Währenddessen die Tintenfische waschen, trockentupfen und in mundgerechte Stücke schneiden. Die Tomaten überbrühen, pellen und klein schneiden. Knoblauch und Zwiebel pellen und in Würfel schneiden.
2 EL Olivenöl in einer großen Pfanne erhitzen und die Tintenfische darin anbraten. Knoblauch, Zwiebel und Tomaten zufügen und einige Minuten schmoren. Mit Salz und Pfeffer würzen. Den Wein angießen und die Flüssigkeit auf ein Drittel reduzieren. Mit den fertig gegarten Linsen vermischen und warm stellen.
Die Garnelen im restlichen Olivenöl 2–3 Minuten braten. Die Mies- und Venusmuscheln kurz mitbraten und mit Salz und Paprikapulver würzen. Die Linsen mit dem Tintenfisch in 4 tiefe Teller füllen, die gebratenen Garnelen und Muscheln darauf verteilen und mit der Petersilie bestreuen.

Zahnbrassenfilets mit Paprika (siehe Rezept S. 158)

Lamm-Eintopf

CASSOLA DE XOT

750 g Lammfleisch
Salz, Pfeffer aus der Mühle
6 EL Olivenöl
4 Knoblauchzehen
2 mittelgroße Zwiebeln
1 Stange Lauch
3 Zweige Rosmarin, 2 Zweige Thymian
2 gehäutete und klein gewürfelte Tomaten
150 g gegarte Kichererbsen, frisch oder aus der Dose
200 g grüne Bohnen, klein geschnitten
4 gesäuberte, in Achtel geschnittene Artischocken
einige Safranfäden, 1 Prise Zimtpulver
1 EL geröstete Mandeln, etwas Brühe

Das Fleisch in gleich große Stücke schneiden, salzen und pfeffern. Olivenöl in einem Topf erhitzen und Fleischstücke darin anbraten.

Knoblauch und Zwiebeln schälen und fein schneiden. Lauch waschen, putzen, fein schneiden und mit Knoblauch und Zwiebeln zum Fleisch geben. Einige Minuten schmoren, dann Rosmarin, Thymian und Tomaten zugeben.

Nach 5 Minuten mit Wasser aufgießen, bis die Fleischstücke bedeckt sind und alles ca. 40 Minuten köcheln lassen. Danach Kichererbsen und Bohnen zugeben und 10 Minuten später die Artischocken zufügen.

Safranfäden, Zimtpulver und die Mandeln im Mörser zerstoßen. Diese Mischung mit etwas Brühe auflösen und zum Schluß in den Eintopf geben. Mit Salz und Pfeffer abschmecken und den Topf vom Herd nehmen. In tiefen Tellern servieren.

Gemüse aus dem Tontopf

Greixonera d'ous amb verdures

4 Artischocken, Saft von $^1/_2$ Zitrone
1 mittelgroße Zwiebel, 4 Knoblauchzehen, 3 Tomaten
75 g Sobrasada (siehe Seite 57)
75 g Blutwurst
200 g grüne Bohnen, 250 g kleine neue Kartoffeln
3 Möhren, 6 EL Olivenöl
300 g tiefgekühlte Erbsen
400 g tiefgekühlte dicke Bohnen
Hühnerbrühe, 1 Bund gemischte Kräuter
(Hierbabuena, Majoran, Oregano, Thymian, Petersilie)
4 hart gekochte Eier
Salz, weißer Pfeffer

Die Artischocken waschen, putzen, achteln und das
»Heu« herausschneiden. Mit Zitronensaft beträufeln.
Zwiebel fein würfeln, Knoblauch in Scheiben schneiden.
Tomaten waschen, überbrühen und pellen. Tomaten quer
halbieren, die Kerne ausdrücken und das Fruchtfleisch
würfeln. Sobrasada und Blutwurst in Scheiben schneiden.
Grüne Bohnen putzen und waschen. Kartoffeln und
Möhren schälen und in dicke Scheiben schneiden.
Etwa 4 EL Olivenöl in einer Kasserolle erhitzen. Knoblauch, Zwiebeln und Tomaten darin kurz braten. Sobrasada und Blutwurst zugeben und mitbraten. Hitze reduzieren, Erbsen, dicke Bohnen, Artischocken, grüne Bohnen und Möhren zufügen und schmoren. Die Kartoffeln
in 2 EL Olivenöl in 10 Minuten rundherum braten. In den
Topf geben und so viel Hühnerbrühe angießen, daß alles
bedeckt ist. Kräuter zufügen, alles mit Salz und Pfeffer
würzen und 10 Minuten köcheln lassen. Den Eintopf in
eine Tonform schütten. Die Eier pellen, halbieren, obenauf
setzen und das Gericht sofort servieren.

Reis und Nudeln

Reis, der in der mallorquinischen Küche so häufig vorkommt, ist kein Inselprodukt. Er stammt meist aus dem Ebrodelta oder der Albufera, einem Feuchtgebiet südlich von Valencia. Es waren die Araber, die den Reis *al ruzz* mit nach Spanien brachten und ihn erfolgreich kultivierten. Es wird hauptsächlich Reis der Sorte *japónica* angebaut, weil er sich am besten für die berühmte valencianische Paella oder andere Reisgericht sowie für Süßspeisen eignet.

Seit der maurischen Zeit auf Mallorca ist Reis ein fester Bestandteil typischer Rezepte wie *Arrós brut*, das tradionelle Essen nach dem herbstlichen Schlachtfest oder *Arrós negro*, der mit der Tinte des Tintenfisches schwarz gefärbt wird, sowie vieler anderer Rezepte der Inselküche.

Die ersten Nudeln der Insel kamen über Katalonien nach Mallorca und waren lange Zeit nur eine Beigabe in Suppen oder Eintöpfen. Die Süditaliener und Sizilianer, die im 18. Jahrhundert auf Mallorca angesiedelt wurden, brachten italienische Pastarezepte mit, die auch heute noch gang und gäbe in der mallorquinischen Küche sind. Die besten *canelons de espinacas* bereiten die Hausfrauen in Fornalutx zu. Kein Wunder, denn noch heute bezeichnet man die Einwohner des schönsten Bergdorfes als *calabreses*.

Schwarzer Reis mit Tintenfisch

ARRÓS NEGRES AMB SEPIA

750 g Tintenfisch
2 Zwiebeln, gehackt, etwas Petersilie
1 Stange gewürfelter Lauch, 1 kleines Lorbeerblatt
350 g beliebiger Fisch, 6 EL Olivenöl
3 gehackte Knoblauchzehen
6 geschälte und klein geschnittene Tomaten
2 gewürfelte grüne Paprikaschoten
350 g Reis
Salz, weißer Pfeffer
2 Knoblauchzehen, 1 EL fein gehackte Petersilie

Tintenfisch säubern, den Tintenbeutel vorsichtig herausnehmen und die Tinte mit einer Tasse Wasser verrühren. Den Tintenfisch in mittelgroße Würfel schneiden. Wasser, 1 Zwiebel, Petersilie, Lauch und Lorbeerblatt in einem Topf zum Kochen bringen. Den grob gewürfelten Fisch zufügen und alles etwa $^1/_2$ Stunde köcheln lassen. Zwischendurch öfters abschäumen. Danach den Fischsud durch ein Sieb abschütten und beiseite stellen.

Etwa 3 EL Olivenöl in einem Topf erhitzen, Tintenfischwürfel und Knoblauch darin anbraten. Nach einigen Minuten restliche Zwiebel zufügen und alles kurz köcheln lassen. Dann die Tomaten unterrühren.

Paprikawürfel in 1 EL Olivenöl anbraten. Übriges Olivenöl in einer Paellapfanne erhitzen. Reis darin kurz anbraten. Die angebratenen Paprikawürfel zum Reis geben, Tintenfisch-Mischung und den beiseite gestellten Fischsud zufügen. Knoblauchscheiben, Salz und Petersilie in einem Mörser zerstampfen und mit der in etwas Wasser aufgelösten Tinte zugeben. Mit Salz und Pfeffer abschmecken.

Den Reis ca. 10 Minuten auf dem Herd und weitere 10 Minuten im vorgeheizten Backofen garen.

Reis mit Stockfisch

ARRÓS AMB BACALLÀ

200 g Stockfisch oder Klippfisch
1 rote Paprikaschote, 4 kleine Artischocken
Saft von $1/2$ Zitrone
100 g grüne Bohnen
5 breite grüne Bohnen
2 Tomaten
1 kleine Schalotte
4 Knoblauchzehen
6 EL Olivenöl
1 Glas Wein
je 100 g tiefgekühlte dicke Bohnen,
Erbsen und Blumenkohl
400 g Reis
1 Prise Safran
200 ml Hühnerbrühe
Salz

Den Stockfisch 24 Stunden wässern, dabei das Wasser mehrmals wechseln. Herausnehmen, trockentupfen und von beiden Seiten kurz grillen. Den Fisch von Haut und Gräten befreien. Die Paprikaschote waschen, halbieren, putzen und entkernen. Mit der Haut nach oben für 10 Minuten unter den Grill schieben. Wenn die Haut braune Blasen wirft, herausnehmen, mit einem feuchten Tuch bedecken und kurz ruhen lassen. Dann die Haut abziehen und die Paprikahälften in Streifen schneiden. Beiseite stellen.

Die Artischocken waschen, putzen, vierteln und mit Zitronensaft beträufeln. Bohnen waschen, putzen und in 2 cm lange Stücke schneiden. Die Tomaten überbrühen, pellen, entkernen und fein würfeln. Die Schalotte würfeln und den Knoblauch in feine Scheiben schneiden.

Das Olivenöl in einer Kasserolle erhitzen, Schalotte und Knoblauch dünsten, den Stockfisch zufügen und vorsichtig umrühren. Mit dem Wein ablöschen. Die Tomaten zugeben und zwei Minuten schmoren. Artischocken, alle Bohnen, Blumenkohl und Erbsen zufügen und vorsichtig unterheben. Gemüse und Fisch weitere 6–8 Minuten schmoren. Reis zufügen, mit Safran würzen und nochmals kurz durchschmoren. Mit der Hühnerbrühe aufgießen und 10 Minuten köcheln lassen. Die Paprikastreifen auf den Reis legen, weitere 6 Minuten garen, vom Herd nehmen, 2 Minuten ruhen lassen und in der Kasserolle servieren.

Reis Binissalem

ARRÓS AMB SASETA DE BINISSALEM

Für die Brühe:

1 Stück Speckschwarte
3 Schweineknochen
1 Hühnerschenkel
1 $\frac{1}{2}$ l Gemüsebrühe
1 Stange Sellerie
1 Stange Lauch
1 Möhre
1 kleine Zwiebel

Für die Würzpaste:

4 Knoblauchzehen
die Blättchen von je 1 Zweig Majoran, Oregano und Thymian
2 Scheiben Weißbrot, in 1 EL Essig eingeweicht

Außerdem:

4 EL Olivenöl
350 g mageres Schweinefleisch, gewürfelt
200 g Speck, gewürfelt
100 g Schweineleber, fein geschnitten
Salz, weißer Pfeffer,
1 große Zwiebel, fein gehackt
1 Lorbeerblatt
1 Nelke
1 Prise Muskatnuß
2 Fleischtomaten, geschält und klein geschnitten
250 g Reis

Speckschwarte, Schweineknochen und Hühnerschenkel mit der Gemüsebrühe zum Kochen bringen. 45 Minuten köcheln lassen, dabei den Schaum abschöpfen. Das Gemüse putzen, waschen, klein schneiden und zur Brühe geben. Weitere 30 Minuten köcheln lassen.

Für die Würzpaste geschälte Knoblauchzehen mit Salz und Gewürzen in einem Mörser zerstoßen. Das Brot gut ausdrücken und untermischen.

Das Olivenöl erhitzen und das Schweinefleisch mit Speck und Leber kräftig anbraten. Mit Salz und Pfeffer würzen. Zwiebeln, Lorbeer und Nelke zufügen. Mit Muskat bestreuen, die Tomaten zugeben und mitschmoren.

Mit der Brühe ablöschen und den Reis in die kochende Suppe schütten. Umrühren und 20 Minuten bei kleiner Hitze gar ziehen lassen.

Den Eintopf auf 4 Teller verteilen und je 1–2 Teelöffel von der Paste daraufgeben.

Reis mit Tintenfischen und Gemüse

ARRÓS AMB SEPIAS I VERDURA

300 g küchenfertige kleine Tintenfische
2 kleine, zarte Artischocken
Saft von 1 Zitrone
200 g junge frische oder tiefgekühlte Erbsen
2 große Tomaten
2 Knoblauchzehen
1 Stengel frisches Fenchelgrün
$^1/_2$ Bund Petersilie
200 g Rundkornreis (nach Möglichkeit spanischer)
6 EL Olivenöl
8 Safranfäden
400 ml Fischfond (aus dem Glas)
Salz, Pfeffer aus der Mühle
1 Prise Cayennepfeffer
1 Prise Piment

Die Tintenfische säubern und in viereckige Stücke schneiden, kleine ganz lassen. Von den Artischocken die harten äußeren Blätter abreißen, die übrigen Blätter bis auf die fleischigen Ansätze abschneiden. Das »Heu« im Inneren herauslösen, die Stiele kürzen oder schälen. Die Artischocken vierteln und in mit dem Saft der halben Zitrone gesäuertes Wasser legen.

Die Tomaten überbrühen, enthäuten und das Fruchtfleisch würfeln. Den gepellten Knoblauch in Scheiben schneiden. Die Kräuter waschen, trockenschütteln und die Blättchen hacken. Den Reis in einem Sieb kalt abspülen.

In einer großen Pfanne die Hälfte des Olivenöls stark erhitzen und die Tintenfische unter Wenden 2 Minuten braten. Aus dem Öl nehmen und beiseite stellen.

Die Hitze etwas reduzieren und die trockengetupften Artischockenviertel im verbliebenen Öl anbraten. Die gewaschen, abgetropften Erbsen, Tomatenwürfel und Knoblauch zufügen, unter Rühren mitbraten und zum Tintenfisch geben. Den Safran in wenig Wasser aufweichen.

Den Fischfond mit Wasser auf $^3/_4$ l verlängern und in einem Topf aufkochen.

Das restliche Öl in die Pfanne gießen und nicht zu stark erhitzen. Den Reis darin kurz anbraten, die beiseite gestellten Zutaten unterrühren, etwas Fond angießen und vorsichtig durchrühren.

Auf kleiner Flamme köcheln und immer wieder etwas Fond nachgießen, sobald der Reis die Flüssigkeit aufgenommen hat. Nach einigen Minuten die Kräuter und Gewürze unterrühren. Etwa 20 Minuten köcheln, bis der Reis gar ist.

Den Reis mit Salz, Pfeffer und dem restlichen Zitronensaft abschmecken. Dazu paßt sehr gut ein Salat aus Fenchelknollen.

(siehe Foto Seite 97)

Reis mit Meeresfrüchten

Arrós de peix i marisc

500 g Mittelmeerfische (küchenfertig)
das Weiße von 2 Stangen Lauch, in Scheiben geschnitten
2 Lorbeerblätter
4 Stengel Petersilie
1 Würfel Fisch-, Hühner- oder Gemüsebouillon
200 g Tintenfisch
4 EL Olivenöl
1 fein gehackte Zwiebel
2 mittelgroße geschälte, klein geschnittene Tomaten
4 Krabben
4 Tiefseegarnelen, 16 Miesmuscheln
16 kleine Muscheln
Salz, Pfeffer
1 Gläschen Hierbas seco (herber Kräuterlikör)
200 g Reis
Safran
Salz, Pfeffer aus der Mühle
3 Knoblauchzehen
3 Stengel Petersilie
125 g gewürfelte grüne Paprikaschote

Für die Picada:
2 Knoblauchzehen
1 EL gehackte Petersilie

Die Fische mit $2^1/_2$ l Wasser, Lauch, Lorbeerblättern, Petersilie und dem Bouillonwürfel aufkochen und 12 Minuten ziehen lassen. Die Fische herausnehmen, filetieren und beiseite stellen. Vom Sud 400 ml abmessen.
Tintenfisch in Ringe schneiden und in 2 EL Olivenöl anbraten. Die fein gehackte Zwiebel zufügen und glasig dünsten. Tomatenwürfel zugeben und einige Minuten

schmoren. Übrigen Sud durch ein Sieb dazugießen. Krabben, Tiefseegarnelen und Muscheln in 2 EL Olivenöl kurz
anbraten, mit Salz und Pfeffer würzen und mit *Hierbas
seco* ablöschen.

Reis, etwas Safran, Salz und Pfeffer in den beiseite gestellten Fischsud geben und zum Kochen bringen. Meeresfrüchte und die im Mörser zerstoßenen Zutaten für die Picada zugeben, wenn der Reis fast gar ist. Zum Schluß die
ausgelösten Fischstücke zufügen.

Reis »Land und Meer«

Arrós de noces

12 Miesmuscheln
etwa 1 $^3/_4$ l Fischsud (selbst gekocht oder wahlweise
Hühner- oder Gemüsebrühe)
6 EL Olivenöl
4 mittelgroße Hummerkrabben (Tiefseegarnelen)
4 Garnelen oder Nordseekrabben
150 g gewürfeltes mageres Schweinefleisch
150 g gewürfelter magerer Schinken
200 g in Ringe geschnittene Tintenfische
1 kleine gehackte Zwiebel
1 geschälte, klein geschnittene Tomate
4 küchenfertige, mit Zitrone beträufelte Artischocken
Salz, weißer Pfeffer
200 g gewürfeltes Seeteufel- oder Zackenbarschfilet
400 g Reis, 2 Knoblauchzehen, 1 EL Petersilie, Safran

Die Miesmuscheln in 1 l Fischbouillon oder Brühe garen.
Olivenöl in einer Paellapfanne erhitzen, Hummerkrabben
und Garnelen darin anbraten, herausnehmen und beiseite
stellen.

Fleisch, Schinken und Tintenfische im Öl schmoren. Zwiebel zufügen und darin glasig dünsten. Tomate in die
Pfanne geben und gar schmoren. Artischocken vierteln
oder achteln und zugeben. Alles mit Salz und Pfeffer würzen. Dann Reis und Muscheln zufügen. Restliche Bouillon
erhitzen und angießen.

Knoblauchzehen mit Salz und Petersilie im Mörser zerstoßen und mit etwas Safran in den Topf geben, erneut
mit Salz abschmecken. Garnelen und Hummerkrabben
auf dem Reis verteilen. Alles ca. 15 Minuten köcheln lassen, zum Schluß die Hitze reduzieren. Der Reis sollte
nicht mehr feucht sein. In der Paellapfanne servieren.

Reis mit Mittelmeerfischen

ARRÓS AMB PEIX

5 kleine weiße Zwiebeln
2 Knoblauchzehen
4 EL Olivenöl
3 Tomaten
1 kleines Bund frische Kräuter
(Hierbabuena, Thymian, Oregano, Fenchelkraut,
Petersilie, 1 Lorbeerblatt)
1 l Wasser, nach Bedarf auch mehr
500 g gemischte Mittelmeerfische (küchenfertig)
$^1/_2$ EL Paprikapulver
Salz, Pfeffer
350 g Reis
Safran
1 EL fein gehackte Petersilie

Zwiebeln und Knoblauch schälen und würfeln. Olivenöl
in einem Topf erhitzen und beides darin glasig dünsten.
Tomaten mit kochendem Wasser überbrühen, enthäuten
und in mittelgroße Stücke schneiden. Kräuter waschen,
trockenschütteln und mit den Tomaten in den Topf geben.
Nach 4 Minuten den in Stücke geschnittenen Fisch und
das Paprikapulver zufügen. Salzen, pfeffern, mit Wasser
aufgießen und alles 5 Minuten kochen. Den Reis zufügen.
Mit Salz abschmecken, Safran und Petersilie zugeben und
so lange auf kleiner Flamme köcheln, bis der Reis gar ist.
Das Kräuterbündel vor dem Servieren herausnehmen.

Winterlicher Reistopf

ARRÓS D'HIVERN

250 g Schweinerippchen
4 küchenfertige Wachteln
Salz, Pfeffer aus der Mühle
1 EL Schweineschmalz, 1 fein gewürfelte Zwiebel
2 gewürfelte Knoblauchzehen
2 getrocknete, in Öl eingelegte Tomaten
100 g mallorquinische Pilze oder Pfifferlinge
300 g Reis
4 kleine, geputzte und in Viertel geschnittene Artischocken
150 g Blumenkohl

Schweinerippchen in mittelgroße Stücke schneiden. Rippchen und Wachteln salzen und pfeffern. Schweineschmalz in einem Topf erhitzen und die Fleischstücke darin schmoren. Zwiebel und Knoblauchzehen zugeben. Tomaten klein schneiden, hinzufügen. Pilze putzen, feucht abreiben und einige Minuten mitköcheln. Dann $1\,^1/_2$ l Wasser angießen und alles bei schwacher Hitze ca. 15 Minuten köcheln lassen.

Wenn nötig, mit Salz abschmecken. Reis zugeben und 20 Minuten garen. Artischocken und den in Röschen geteilten Blumenkohl nach etwa 10 Minuten in den Topf geben. Sobald der Reis gar ist, den Topf vom Herd nehmen. Das Gericht sollte noch dickflüssig sein.

Reis auf mallorquinische Art

ARRÓS ESTIL MALLORQUI

2 EL Schweineschmalz
250 g gewürfeltes, mageres Schweinefleisch
150 g gewürfelter roher Schinken
1 gehackte Zwiebel
300 g Hühnerleber und -herz
¼ l Fleischbrühe
100 g Sobrasada (siehe Seite 57)
4 klein geschnittene Tomaten
ca. 1 l Geflügelbrühe
400 g Reis
2 EL Olivenöl
125 g Erbsen
2 gehäutete, in Streifen geschnittene Paprikaschoten
Salz, weißer Pfeffer
1 Prise Safran

Das Schweineschmalz in einem Topf erhitzen, Fleisch und Schinken kurz darin schmoren und die Zwiebel zufügen. Innereien in der kochenden Fleischbrühe 2 Minuten garen, in einem Sieb abtropfen lassen und die Innereien in Würfel schneiden. Die Brühe auffangen.

Zum Fleisch in den Topf geben und einige Minuten köcheln lassen. Wurst in Stücke schneiden und zusammen mit den Tomaten zufügen. Mit etwas Brühe auffüllen und alles kräftig durchkochen.

Reis in einem flachen Tontopf in Olivenöl glasig anbraten. Die Brühe zugießen, ca. 12 Minuten garen. Erbsen und Paprika unter den Reis mischen. Alles mit Salz, Pfeffer und Safran abschmecken und 10 Minuten bei starker Hitze im Backofen garen. Herausnehmen und mit dem Fleisch servieren.

Reis zum Schlachtfest

Arrós brut

2 EL Schweineschmalz oder Olivenöl
350 g gewürfeltes Schweinefleisch
250 g gewürfeltes Kaninchenfleisch
2 küchenfertige, in Viertel geschnittene Tauben
250 g gewürfelte Hühnerbrust
3 Blutwürste
1 gehackte Zwiebel
4 geschälte, klein geschnittene Tomaten
1 l Fleischbrühe
200 g Champignons, 150 g grüne Bohnen
100 g Zuckerschoten
200 g Reis
Salz, weißer Pfeffer
1 Gewürznelke, 1 Prise Zimt
3 Knoblauchzehen
1 gebratene Kaninchenleber

Das Fett erhitzen. Nacheinander das Schweinefleisch, das Kaninchen und zuletzt die Tauben und die Hühnerbrust darin goldbraun braten. Herausnehmen. Die Wurst in Scheiben schneiden und im verbliebenen Fett braten. Die Zwiebelwürfel dazugeben und glasig dünsten, anschließend die Tomaten untermischen und kurz schmoren.
Alles Fleisch zurück in den Topf geben. Die Brühe angießen. Pilze, putzen, feucht abreiben und zugeben. Alles so lange kochen, bis das Fleisch fast gar ist. Bohnen klein schneiden und mit den Zuckerschoten zugeben. Ein paar Minuten kochen. Reis in den Topf schütten und garen. Mit Salz, Pfeffer, Nelke und Zimt abschmecken. Knoblauchzehen schälen und mit der gebratenen Kaninchenleber grob hacken. Im Mörser zerstoßen und vor dem Servieren unterheben.

Spaghetti mit Leber und Kapern

SPAGHETTI AMB FETGE DE POLLASTRE I TÀPERES

1 Zwiebel
3 Knoblauchzehen
50 g Butter
250 g Hühnerleber
100 g gekochter Schinken
Salz, weißer Pfeffer
125 ml Tomatenpüree
125 ml Fleischbrühe
2 EL Kapern
500 g Spaghetti
2 EL Olivenöl
Muskatnuß
3 EL geriebener mallorquinischer Käse,
ersatzweise mittelalter Gouda
Butterflöckchen

Zwiebel und Knoblauch schälen und hacken. Butter in einer Pfanne erhitzen, Zwiebel und Knoblauch darin glasig dünsten. Leber waschen, trockentupfen und in kleine Würfel schneiden. Zu den Zwiebeln geben und braten. Den Schinken würfeln und, sobald die Leber gar ist, zufügen. Alles salzen und pfeffern. Mit Tomatenpüree und Brühe aufgießen und ca. 5 Minuten köcheln lassen. Abgetropfte Kapern unterrühren. Nach 2 Minuten die Leber-Mischung vom Herd nehmen und warm stellen.
Spaghetti in reichlich Salzwasser bißfest garen. Abtropfen lassen und mit kalten Wasser abschrecken. Olivenöl in einer großen Pfanne erhitzen. Spaghetti darin schwenken. Mit Salz und Muskatnuß würzen. Sauce mit den Nudeln mischen. Alles in eine feuerfeste Form füllen, mit geriebenem Käse und Butterflöckchen bestreuen. Im Ofen überbacken.

Cannelloni mit Fleisch-Spinat-Füllung

CANELONS D'ESPINACAS

Je 250 g gehacktes Rind- und Schweinefleisch
Salz, Pfeffer aus der Mühle
4 EL Olivenöl
1 Zwiebel, 1 Knoblauchzehe
4 getrocknete Tomaten
1 TL gehackter Oregano
1 Prise geriebene Muskatnuß
100 g Spinat
2 EL Mehl
200 ml Milch
16 Cannelloni-Röhren oder Lasagnenudeln
2 EL geriebener alter mallorquinischer Käse,
ersatzweise mittelalter Gouda
Butter für die Form, Butterflöckchen
1 l Béchamelsauce (selbst gekocht, siehe Seite 138,
doppeltes Rezept
oder aus der Packung)
50 ml Weißwein
Muskatnuß

Das Hackfleisch in Olivenöl anbraten, salzen und pfeffern. Zwiebel und Knoblauch schälen, fein schneiden und zufügen. Die Tomaten klein schneiden und mit dem Oregano dazugeben. Mit Muskat würzen. Das Fleisch zugedeckt bei mittlerer Hitze garen. Dabei ab und zu umrühren.
Den Spinat waschen, verlesen und klein hacken. Zum Fleisch in den Topf geben. Nach 2 Minuten das Mehl einstreuen. Die Milch angießen und alles einige Minuten köcheln lassen, bis die Sauce sämig wird. Nochmals abschmecken.

Falls Sie Lasagnenudeln verwenden, diese in reichlich Salzwasser ca. 5 Minuten oder so lange kochen, bis sie gerade weich werden; dabei ab und zu umrühren. Einfacher geht es mit Cannelloni-Röhren, in die die Füllung mit einem Teelöffel gestopft wird. Sie brauchen auch nicht vorgegart zu werden.

Lasagnenudeln abgießen, kalt abschrecken und abtropfen lassen, dann auf die Arbeitsplatte legen. Die Füllung auf die Platten verteilen. Nudeln zu Cannelloni aufrollen. Eine feuerfeste Form mit Butter ausfetten. Cannelloni nebeneinander hineinlegen und mit der fertigen Béchamelsauce übergießen. Geriebenen Käse und Butterstückchen darauf verteilen. Im Ofen hellbraun überbacken und anschließend servieren.

Gemüse

Viele mallorquinsche Gerichte haben ihren Ursprung im Gemüsegarten. Dort gedeihen Auberginen, Zucchini, Möhren, Kartoffeln, rote und grüne Paprikaschoten, Kohl und die zarten violetten Artischocken. Sie sind zwar manchmal etwas kleiner, dafür aber um so aromatischer als die Importe vom Festland. Und aus diesem Grund greifen auch die Spitzenköche der Insel lieber auf das einheimische Gemüse zurück.

Wie wichtig das Gemüse in der mallorquinischen Küche ist, sieht man daran, daß es kaum ein Inselrezept ohne gehörigen Gemüseanteil gibt. Klassiker wie *tumbet* und viele andere Schmorgerichte bestehen nur aus einer Mischung verschiedener Gemüse, die in Olivenöl gedünstet und meist im Ofen fertig gegart werden. Ähnlich wie das *sofrito* aus der italienischen Küche bildet das *sofrit* die Basis vieler Eintopfgerichte, die zusätzlich mit Fleisch, Fisch oder Geflügel angereichert werden, ihr besonderes Aroma aber erst durch die Gemüsemischung aus Tomaten, Zwiebeln, Knoblauch und Paprika erhalten.

Schmorgemüse

SOFRIT

1 große Gemüsezwiebel
2 hellgrüne Spitzpaprikaschoten
2 große Tomaten
4 Knoblauchzehen
2 EL Olivenöl
1 TL körnige Gemüsebrühe
1 EL gehackte Petersilie

Die Zwiebel schälen und grob würfeln. Die Paprikaschoten waschen und ebenfalls in große quadratische Stücke schneiden. Die Tomaten grob hacken. Die Knoblauchzehen in Scheiben scheiden. Das Olivenöl erhitzen und Zwiebel, Paprika, Tomaten und Knoblauch 10 Minuten darin dünsten. Die gekörnte Brühe einstreuen und verrühren. Zum Schluß die Petersilie darüberstreuen

Beschwipste Möhren

PASTANAGUES OFEGADAS

800 g Möhren
1 Stange Lauch
200 g Speck
6 EL Olivenöl
etwas Wasser oder Brühe nach Bedarf
1 Bund frische Kräuter
(Hierbabuena, Fenchelkraut, Petersilie)
Salz, Pfeffer aus der Mühle
50 g Rosinen
1 kleine, gewürfelte Blutwurst
200 g geschälte Trauben
$^1/_2$ Gläschen Gin
1 Prise Zucker

Möhren schälen und in Scheiben oder Stifte schneiden. Gut gewaschenen Lauch klein schneiden. Den Speck klein würfeln. Speck und Lauch in einem feuerfesten Tontopf in dem erhitzten Olivenöl anbraten. Möhrenstücke zugeben. Gemüse ab und zu umrühren und bei schwacher Hitze zugedeckt köcheln lassen. Bei Bedarf etwas Wasser oder Brühe angießen.
Kräuter waschen, trockenschütteln und zugeben. Alles salzen und pfeffern. Nach 5 Minuten die Rosinen und die Blutwurst zufügen. Zum Schluß Trauben und Gin zugeben. Mit Zucker und Salz abschmecken und das Kräuterbund entfernen.

Gefüllte Zucchini

CALABACINS FARCITS

4 mittelgroße Zucchini
Salz, Pfeffer aus der Mühle
100 ml Olivenöl, 3 Knoblauchzehen
2 fein gehackte Zwiebeln, 200 g Tomaten aus der Dose
1 EL getrocknete Kräuter (Hierbabuena, Thymian,
Oregano, Petersilie), 1 Lorbeerblatt
300 g gehacktes Lammfleisch
2 Eier, 2 EL gehackte Petersilie
4 EL Semmelbrösel, $1/2$ EL Paprikapulver
300 ml passierte oder pürierte Tomaten

Die Zucchini waschen und längs halbieren. Mit einem Teelöffel aushöhlen, dabei einen Rand von $1/2$ cm stehen lassen. Zucchinihälften wenige Minuten in kochendem Salzwasser blanchieren. Zucchinifruchtfleisch würfeln. Die Hälfte des Öls in einem Topf erhitzen, den durchgepreßten Knoblauch und die Zwiebeln darin schmoren. Tomaten, getrocknete Kräuter und Lorbeerblatt zugeben. Salzen, pfeffern und ca. 8 Minuten köcheln lassen. Dann den Topf vom Herd nehmen.
Zucchinifruchtfleisch in einer Pfanne in dem restlichen erhitzten Öl schmoren. Herausnehmen und abtropfen lassen. Gehacktes Lammfleisch mit dem Zucchinifruchtfleisch vermischen und in den Topf zu der Tomatenmischung geben. Alles erneut erhitzen und 10 Minuten köcheln, dann etwas abkühlen lassen. Den Backofen auf 200 °C vorheizen. Die Eier unter die Mischung ziehen und die Zucchinihälften damit füllen. Petersilie, Semmelbrösel und Paprikapulver verrühren und über die Zucchini verteilen. Die gefüllten Zucchini 15 Minuten im Ofen garen. Nach 8 Minuten die passierten Tomaten zugießen. Die Tomatensauce leicht salzen und pfeffern. Nach der Garzeit sofort servieren.

Auberginenauflauf

500 g Auberginen
4 EL Olivenöl
4 Knoblauchzehen
1 fein gehackte Zwiebel
5 EL Olivenöl
400 g gehacktes Schweinefleisch
je 1 TL gehackter Thymian und Oregano
2 EL gehackte Petersilie
1 Lorbeerblatt
2 gehackte Tomaten
Salz, Pfeffer aus der Mühle
3 verquirlte Eier
1 EL Semmelbrösel
150 g fein geschnittene Zwiebeln
500 ml passierte oder pürierte Tomaten
(Dose oder Tetrapack)
1 TL getrocknete gemischte Kräuter
(Thymian, Oregano, Basilikum)
Salz, Pfeffer

Auberginen waschen, Blütenansätze abschneiden. Zwei Auberginen in dünne Scheiben schneiden. Etwa 2 EL Olivenöl erhitzen. Auberginenscheiben darin anbraten. Restliche Auberginen schälen, in große Würfel schneiden, in 2 EL Olivenöl anbraten, auf Küchenpapier entfetten, klein schneiden und beiseite stellen. Eine Auflaufform mit den Auberginenscheiben auslegen.

Knoblauch schälen, durchpressen und mit der Zwiebel im erhitzten Olivenöl andünsten. Gehacktes Schweinefleisch zugeben und krümelig braten. Gehackte Kräuter und Lorbeerblatt zufügen. Tomaten zugeben und alles unter ständigem Rühren köcheln lassen. Mit Salz und Pfeffer würzen, beiseite gestellte Auberginenwürfel und verquirlte Eier dazugeben. In die Form füllen und mit Semmelbröseln bestreuen. Im Backofen in einem Wasserbad etwa 35 Minuten garen. Herausnehmen und einige Zeit stehen lassen. Fein gehackte Zwiebeln in 1 EL Olivenöl erhitzen und glasig dünsten. Tomatenpüree und Kräuter zufügen. Mit Salz und Pfeffer würzen. Auberginenauflauf auf eine Platte stürzen, die Sauce angießen und als Beilage zu Fleischgerichten reichen.

Auberginen-Paprika-Topf

TUMBET

4 Auberginen
Salz, Pfeffer aus der Mühle
100 ml Olivenöl
300 g geschälte, gekochte Kartoffeln
4 gehackte Knoblauchzehen
6 geschälte und klein geschnittene Tomaten
300 ml pürierte oder passierte Tomaten
(Tetrapack oder Dose)
1 Lorbeerblatt
1 Prise Zucker
6 Paprikaschoten

Auberginen waschen, Blütenansätze entfernen und die Früchte klein schneiden. Etwas salzen, 1 Stunde ziehen, danach abtropfen lassen. In 4 EL erhitztem Olivenöl braten und auf Küchenpapier entfetten. Kartoffeln im selben Fett braten.

Etwas Olivenöl in einem Topf erhitzen und 2 Knoblauchzehen darin glasig dünsten. Klein geschnittene Tomaten, Tomatenpüree und Lorbeerblatt zufügen und die Sauce etwa 20 Minuten köcheln lassen. Mit Salz, Pfeffer und Zucker abschmecken.

Den Backofen auf 200 °C vorheizen. Paprikaschoten putzen, waschen enthäuten und in Streifen schneiden. Übriges Olivenöl erhitzen. Restlichen Knoblauch und Paprikastreifen darin schwenken. Mit Salz und Pfeffer würzen.

Kartoffeln in eine Greixonera schichten, darüber eine Schicht Paprikastreifen geben und anschließend die Auberginen darauf verteilen. Tomatensauce darübergießen und den Auflauf im Ofen (Umluft 180 °C; Gas Stufe 4) 10 Minuten überbacken.

Gemüse-Eintopf mit Pilzen

SOPES D'ESCLATA-SANGS

350 g mallorquinische Pilze, ersatzweise Mischpilze oder Egerlinge
5 Schalotten, 4 Knoblauchzehen
100 ml Olivenöl
3 getrocknete, in Öl eingelegte Tomaten
$^1/_4$ Wirsing
2 EL fein gehackte Petersilie
2 Artischocken, 200 g Blumenkohl
100 g Zuckererbsen
250 g Spinat
Salz
1 EL Paprikapulver
250 g getrocknetes Bauernbrot in Scheiben

Pilze waschen, trockentupfen und klein schneiden. Schalotten und Knoblauch schälen und würfeln. Olivenöl in einem Tontopf erhitzen. Schalotten und Knoblauch darin schmoren.

Getrocknete Tomaten klein schneiden und zugeben. Den Wirsing waschen und in Stücke schneiden. Mit der Petersilie zugeben. Das Gemüse zugedeckt ca. 8 Minuten köcheln lassen. Dann die Pilze zugeben und alles weitere 3 Minuten köcheln.

Mit $^1/_2$ l Wasser aufgießen und zum Kochen bringen. Artischocken waschen, trimmen, in Achtel schneiden und zusammen mit dem Blumenkohl zugeben.

Nach 5 Minuten die Zuckererbsen zufügen. Spinat verlesen, waschen, abtropfen lassen und klein schneiden. Sobald die Zuckererbsen gar sind, den Spinat unterrühren. Wenn der Spinat gar ist, alles mit Salz und Paprikapulver abschmecken und den Topf vom Herd nehmen. Brotscheiben in eine Greixonera legen, das Gemüse darüber schichten und servieren.

Spinatpudding

Flan d'espinacas

500 g Spinat
$^{1}/_{2}$ l Béchamelsauce, gekocht aus 40 g Butter, 40 g Mehl,
$^{1}/_{2}$ l Milch, Salz, Pfeffer oder Muskat
4 Eier
geriebene Muskatnuß
Salz, Pfeffer aus der Mühle
1 EL geriebener mallorquinischer Käse,
ersatzweise mittelalter Gouda
4 TL Butter
100 ml pürierte oder passierte Tomaten
(Tetrapack oder Dose)
2 Stengel Basilikum

Spinat verlesen, waschen und in wenig Salzwasser ca. 2 Minuten blanchieren. Abkühlen lassen, gut ausdrücken und pürieren. Mit der fertigen Béchamelsauce vermischen. Die Eier verquirlen und unterheben. Mit Muskat, Salz und Pfeffer abschmecken. Geriebenen Käse untermischen.

Vier Puddingformen mit je $^{1}/_{2}$ TL Butter ausfetten und die Mischung einfüllen. Im vorgeheizten Backofen bei 180 °C (Umluft 160 °C; Gas Stufe 3) ca. 25 Minuten im Wasserbad garen. Überprüfen, ob die Puddings gar sind. Förmchen aus dem Ofen nehmen und ein paar Minuten ruhen lassen.

Übrige Butter und Tomatenpüree mit dem gehackten Basilikum erhitzen, mit Salz und Pfeffer würzen und dazu reichen.

Kürbiskrapfen

RAOLES DE CARABASSA

750 g gelber Gartenkürbis
Salz
2 Eier
50 g Zucker
1 Prise Zimt
3 EL Mehl
150 ml Olivenöl

Kürbis schälen, die Kerne entfernen und das Fruchtfleisch in kleine Würfel schneiden. In etwas Salzwasser
ca. 45 Minuten kochen. Ein Sieb mit einem Leintuch auslegen. Das Kürbisfruchtfleisch hineingeben und so lange
ausdrücken, daß fast keine Flüssigkeit übrig bleibt.
Eier verquirlen. Fruchtfleisch, Zucker sowie Zimt zugeben
und vermischen. Den Teig mit einem Eßlöffel zu Nocken
formen. Olivenöl in einer Pfanne erhitzen. Kürbiskrapfen
darin rundherum braten. Herausnehmen, etwas abtropfen
lassen und zu gegrilltem Fleisch reichen.

Paprika-Gratin

PEBRES GRATINATS

6 rote Paprikaschoten
2 Auberginen
Salz, weißer Pfeffer
2 TL Schweineschmalz
4 gehackte Knoblauchzehen
2 EL gehackte Petersilie
6 EL Olivenöl
2 verquirlte Eier
2 EL Semmelbrösel

Paprikaschoten und Auberginen putzen, waschen und in Streifen schneiden. Mit Salz und Pfeffer würzen, alles vermischen.

Eine Greixonera mit Schweineschmalz ausstreichen und eine Lage des Gemüses hineingeben. Mit Knoblauch und etwas Petersilie bestreuen. Eine weitere Lage Gemüse darauf schichten und mit dem übrigen Knoblauch und der restlichen Petersilie bestreuen. Mit etwas Olivenöl beträufeln. Verquirlte Eier darüberziehen und mit Semmelbröseln bestreuen. Mit dem übrigen Olivenöl beträufeln und im Ofen backen.

Blumenkohl-Eintopf
mallorquinische Art

Colfloú ofegada

1 großer Blumenkohl
100 ml Olivenöl
1 Bund fein geschnittene Frühlingszwiebeln
1 gehackte Zwiebel
2 Blutwürste
200 g Llonganissa am Stück (siehe Seite 58)
250 g gewürfelter Speck
1 Bund Kräuter (Thymian, Oregano, Petersilie, 1 Lorbeerblatt)
Salz, Pfeffer aus der Mühle
40 g Rosinen
40 g Pinienkerne
Muskatnuß
etwas Paprikapulver

Blumenkohl in Röschen teilen, waschen und abtropfen lassen. Olivenöl in einem tiefen Topf erhitzen. Speck darin anbraten. Frühlingszwiebeln, gehackte Zwiebel, Blutwürste, Llonganissa (Salami) und Speck zufügen.
Kräuter waschen, trockenschütteln, in den Topf geben und das Ganze aufkochen.
Blumenkohl dazugeben und den Eintopf weiter köcheln lassen. Salzen, pfeffern, Rosinen und Pinienkerne zufügen und alles zugedeckt bei schwacher Hitze schmoren. Wenn nötig, etwas Wasser angießen. So lange köcheln lassen, bis der Blumenkohl gar ist, dann die Würste rausnehmen, in Scheiben schneiden und wieder unterheben. Mit Muskat und Paprikapulver würzen.

Auberginen-Terrine

GRANADA D'ALBERGÍNIES

3 große, geschälte Auberginen
50 ml Olivenöl
2 rote Paprikaschoten
300 g gehacktes Lammfleisch
1 gehackte Zwiebel
3 gehackte Knoblauchzehen
1 EL gehackte Petersilie
3 verquirlte Eier
1 Zweig Majoran
Salz
1 TL Paprikapulver
Schweineschmalz für die Form

Für die Sauce:
1 gehackte Zwiebel
250 g geputzte, in Scheiben geschnittene Champignons
4 EL Olivenöl
250 g pürierte oder passierte Tomaten (Dose oder Tetrapack)
1 Prise Thymian
Salz, Pfeffer aus der Mühle

Auberginen längs in Scheiben schneiden. Olivenöl in einer Pfanne erhitzen. Auberginenscheiben darin anbraten, auf Küchenpapier entfetten und klein schneiden. Paprikaschoten putzen, waschen und in Streifen schneiden. Diese im selben Fett schmoren. Fleisch in die Pfanne geben und krümelig braten. Zwiebel und Knoblauch zugeben, kurz anbraten, dann die Petersilie untermischen. Vom Herd nehmen. Die Auberginenstücke unterheben und etwas abkühlen lassen. Dann die verquirlten Eier und Majoran untermischen. Mit Salz und Paprikapulver würzen.

Eine feuerfeste Form mit Schweineschmalz ausfetten, die Masse einfüllen und im Wasserbad garen. Mit einem Zahnstocher prüfen, ob das Innere trocken ist. Vor dem Stürzen etwas abkühlen lassen.

Für die Sauce die Zwiebelwürfel im Olivenöl glasig dünsten. Champignons zufügen und 5 Minuten schmoren. Tomatenpüree sowie Thymian zufügen und 20 Minuten köcheln lassen. Mit Salz und Pfeffer abschmecken. Die Sauce über die Terrine gießen und servieren.

Geschmorte junge Kartoffeln

AGUIAT DE PATATES NOVELLES

100 g Schweineschmalz
3 Knoblauchzehen
1 weiße Zwiebel
1 kleine Chilischote
1 Bund frische Kräuter
(Hierbabuena, Thymian, Oregano, Rosmarin, Petersilie)
1 Lorbeerblatt
1 EL Paprikapulver
$^{1}/_{2}$ l Brühe
1 kg neue Kartoffeln
Salz, Pfeffer aus der Mühle
1 EL gehackte Petersilie zum Bestreuen

Schweineschmalz in einem feuerfesten Tontopf erhitzen. Knoblauch und Zwiebel schälen, klein würfeln und darin schmoren. Chilischote putzen, waschen und klein schneiden. Kräuter waschen, trockenschütteln und klein hacken.

Chili, Kräuter, Lorbeerblatt und Paprikapulver in den Topf geben. Mit der Brühe aufgießen und ca. 5 Minuten kochen. Kartoffeln schälen, waschen und dazugeben. Mit Salz und etwas Pfeffer würzen und die Kartoffeln bei schwacher Hitze garen. Nochmals mit Salz abschmecken und den Topf vom Herd nehmen. Mit Petersilie bestreuen und als Beilage servieren.

Gefüllte Kartoffeln

8 längliche, große Kartoffeln
350 g gehacktes Schweinefleisch
2 Scheiben Brot, in Milch eingeweicht
1 EL getrocknete Kräuter
(Thymian, Oregano, Salbei, Petersilie)
1 EL Petersilie, 2 verquirlte Eier
2 gehackte Knoblauchzehen
Salz, Pfeffer aus der Mühle
$^1/_2$ TL Zimt
1 EL Schweineschmalz
100 ml Olivenöl
1 gewürfelte Zwiebel
$^1/_2$ TL getrockneter Majoran
50 g gewürfelte Sobrasada (siehe Seite 57)
500 ml Fleischbrühe
2 EL gehackte, geröstete Mandeln
1 EL gehackte Petersilie

Die Kartoffeln schälen und waschen. Halbieren und mit
einem Teelöffel aushöhlen. Fleisch, ausgedrückte Brotscheiben, getrocknete Kräuter, die Hälfte der Petersilie,
die verquirlten Eier und die Hälfte der Knoblauchwürfel
in einer Schüssel vermischen. Mit Salz, Pfeffer und Zimt
würzen. Kartoffelhälften außen mit Schweineschmalz fet-
ten und mit der Mischung füllen.
Etwas Olivenöl in einer Pfanne erhitzen und die Kartoffelhälften leicht anbraten, dann in einen Tontopf geben. Zwiebel und übrige Knoblauchwürfel mit etwas Majoran und
der Sobrasada in 2 EL Olivenöl schmoren. Zu den Kartoffeln geben. Mit der Brühe aufgießen und leicht köcheln lassen. Mandeln und Petersilie mischen und darüber streuen.
Zum Schluß mit Salz abschmecken und servieren.

Fisch und Meeresfrüchte

Für eine Mittelmeerinsel eher ungewöhnlich, ist die mallorquinische Küche vor allem eine ländliche. Zwar hat die Fischerei auf der Insel eine lange Geschichte und wird seit eh und je mit Booten – *llauts* – und Netzen betrieben, aber sie war nie besonders ergiebig, da die Gewässer um die Insel sehr tief sind und wenig Plankton haben. Dennoch ist die Fischküche recht vielfältig: Barsche, Barben, Brassen, Bonitos (eine kleine Thunfischart), Seeteufel (Lotte), diverse Muschelsorten und Langusten bieten auch Feinschmeckern besondere kulinarische Erlebnisse.

Es gibt sogar Fischarten, wie den *llampuga* (Gewitterfisch), die nur hier vorkommen. Es heißt, man darf den Llampuga nur bei Gewitter fischen, damit er den richtigen Geschmack hat. Oder den *caproig,* den man gerne auf der *plancha* (Grillplatte) zubereitet. Zu gegrilltem Fisch wird häufige eine *borrida* (Würzpaste) serviert, im Mörser zerstoßene unterschiedliche Zutaten, die dem Gericht eine besonders pikante Note verleihen.

Absolut köstliche Beispiele der mallorquinischen Fischküche sind die Hummerkrabben (Tiefseegarnelen) oder die Dorade in Meersalz. Das Garen in Meersalz ist zwar nicht unbedingt eine Erfindung der Mallorquiner, aber schon seit Jahrhunderten werden sowohl Fisch und Krustentiere als auch Huhn in Meersalz gegart. Im heißen Ofen schließt sich das Salz wie eine Hülle um den Fisch und hält so alle kostbaren Aromen und die Feuchtigkeit gefangen. Mallorquinisches Meersalz wird übrigens im Süden der Insel in der Gegend von Colonia San Jordi gewonnen.

Die Langusten Mallorcas sind eine absolute Spezialität.

Sie werden mit Körben, die als Fallen auf dem Meeres-
boden aufgestellt sind, gefangen, vor allem an der zer-
klüfteten Nordküste, in der tiefen Bucht der Cala Fornells.
Berühmt ist die *caldereta de llagosta,* ein Langustentopf,
von dem es heißt, es müsse mindestens ein weibliches
Tier darin enthalten sein, weil diese besonders delikat
seien.
Und es gibt sogar Süßwasserfische, wie der Aal auf Mallorca, die in den Feuchtgebieten der Albufera in der Nähe
von Alcudia gefangen werden.

Zackenbarsch auf mallorquinische Art

ANFÓS ESTIL MALLORQUI

1 kg Kartoffeln, 1 Knoblauchzehe
2 Bund Fühlingszwiebeln
250 g Mangold, 8 Tomaten
1 kg Zackenbarschfilets
(oder ein anderer Mittelmeerfisch)
Salz, Pfeffer aus der Mühle
50 g Mehl, 200 ml Olivenöl
20 g Korinthen
20 g Pinienkerne

Die Kartoffeln schälen und in Scheiben, die Knoblauchzehe in Stifte schneiden. Die Frühlingszwiebeln putzen, waschen und klein schneiden. Mangold in einzelne Blätter teilen, waschen und abtropfen lassen. 2 Tomaten überbrühen, häuten, quer halbieren und die Kerne herausdrücken. Das Tomatenfleisch würfeln. Restliche Tomaten waschen und in Scheiben schneiden. Die Fischfilets salzen, pfeffern und im Mehl wenden.
3 EL Olivenöl in einer großen Pfanne erhitzen, den Fisch kurz darin anbraten, herausnehmen und auf Küchenkrepp abtropfen lassen. Im restlichen Olivenöl die Kartoffeln 5 Minuten braten, herausnehmen und den Boden einer feuerfesten Form damit auslegen. Die Fischfilets darauf legen. Knoblauch und Frühlingszwiebeln im restlichen Olivenöl anbraten. Tomatenwürfel zufügen und kurz schmoren. Mangold grob hacken, in die Pfanne geben und zusammenfallen lassen. Korinthen und Pinienkerne zufügen und alles gut mischen. Auf dem Fisch verteilen und mit den Tomatenscheiben belegen. Mit Alufolie bedecken und bei 200 °C (Umluft 180 °C; Gas Stufe 4) 15 Minuten backen. In der Form servieren.

Zackenbarsch mit Wirsing (siehe Rezept S. 151)

Zackenbarsch-Fischtopf mit Korinthen und Pinienkernen

800 g küchenfertiger Zackenbarsch
(oder ein anderer Mittelmeerfisch)
Salz, weißer Pfeffer
2 EL Mehl
100 ml Olivenöl
1 fein gehackte Schalotte
1 TL Paprikapulver
60 g Korinthen
60 g Pinienkerne
1 Lorbeerblatt
$1/8$ l Weißwein
1 Scheibe Brot, in Wasser eingeweicht
3 gehackte Knoblauchzehen
2 EL Petersilie

Den Fisch in Scheiben schneiden, salzen, pfeffern und im Mehl wenden. Olivenöl in einer Pfanne erhitzen. Den Fisch darin auf beiden Seiten braten. Herausnehmen und abtropfen lassen. Im selben Öl die gehackte Zwiebel glasig dünsten. Das Paprikapulver unterrühren. Korinthen, Pinienkerne sowie Lorbeerblatt beifügen und alles kurz anbraten. Mit dem Wein abschrecken und die Flüssigkeit auf ein Drittel einkochen lassen.
Die Brotscheibe ausdrücken. Mit den Knoblauchzehen und der Petersilie vermischen. Zur geschmorten Zwiebelmischung in die Pfanne geben. Die Fischscheiben hineinlegen, mit Fischsud auffüllen und ca. 15 Minuten köcheln lassen. Dabei ab und zu umrühren.

Zackenbarsch mit Wirsing

ANFÓS AMB COL

8 große Wirsingblätter
Salz, Pfeffer aus der Mühle
1,2 kg küchenfertiger Zackenbarsch
3 EL Olivenöl, 50 g Blutwurst
50 g Sobrasada (siehe Seite 57)
4 EL Pinienkerne, 4 EL Rosinen
1 große Zwiebel
4 Knoblauchzehen
2 Tomaten
$^1/_2$ TL Paprikapulver
$^1/_4$ l Brühe

Die Wirsingblätter waschen, in Salzwasser blanchieren, gut abtropfen lassen und auf einem Küchentuch auslegen. Den Fisch in 8 längliche Stücke schneiden, dabei so viele Gräten wie möglich entfernen. Die Stücke salzen und pfeffern. Das Öl erhitzen und die Fischstreifen rundherum anbraten. Je ein Stück auf ein Wirsingblatt legen. Die Blutwurst und die Sobrasada in kleine Würfel schneiden und auf den Fischstücken verteilen. Den Fisch in die Blätter einwickeln und jeweils mit einem Holzstäbchen feststecken. Die Fischrouladen in eine geölte Greixonera legen.
In dem restlichen Öl in der Pfanne die Pinienkerne und Rosinen anbraten und auf die Rouladen verteilen. Dann die fein gehackte Zwiebel sowie den Knoblauch andünsten und die Tomaten in Würfeln zufügen. Mit Paprikapulver, Salz und Pfeffer würzen, mit der Brühe ablöschen. Kurz aufkochen und über die Rouladen gießen. Im vorgeheizten Ofen bei 180 °C (Umluft 160 °C; Gas Stufe 3) ca. 30 Minuten schmoren.

(siehe Foto Seite 149)

Gewitterfisch aus dem Ofen

CASSOLA DE LLAMPUGA

1 kg küchenfertiger Gewitterfisch
Mehl zum Wenden
Salz, weißer Pfeffer
100 ml Olivenöl
4 fein gewürfelte Knoblauchzehen
1 klein gewürfelte Zwiebel
4 große geschälte, klein geschnittene Tomaten
2 große, in Streifen geschnittene Paprikaschoten
1 EL fein gehackte Petersilie

Llampuga waschen, trockentupfen und filetieren. In mittelgroße Stücke schneiden und in Mehl wenden. Mit Salz und Pfeffer würzen. Die Hälfte vom Olivenöl in einer Pfanne erhitzen und die Fischstücke darin braten. Aus der Pfanne nehmen und in einen Tontopf legen. Das restliche Olivenöl in der Pfanne erhitzen. Knoblauch, Zwiebel, Tomaten und die in Streifen geschnittenen Paprikaschoten darin schmoren. Mit Salz und Pfeffer würzen und die Petersilie zugeben. Diese Mischung über den Fisch geben und im Ofen bei 180 °C (Umluft 160 °C; Gas Stufe 3) ca. 15 Minuten backen.

Fisch aus dem Tontopf

GREIXONERA DE PEIX

4 daumendicke Scheiben Serviola (Gelbschwanz-Makrele)
oder ein anderer Mittelmeerfisch, z. B. Bonito
Salz, Pfeffer aus der Mühle
Mehl zum Wenden, 100 ml Olivenöl
3 gewürfelte Knoblauchzehen
2 fein geschnittene Frühlingszwiebeln
6 klein gehackte Schalotten, 400 g Mangold
4 in Viertel geschnittene Artischockenböden
200 ml Fischbouillon, 1 EL fein gehackte Petersilie

Für die Borrida:
30 g fein gehackte Mandeln, 1 Knoblauchzehe
je 1 Zweig Petersilie, Thymian, Fenchelkraut
1 Scheibe trockenes Weißbrot, etwas Wasser

Die Fischscheiben mit Salz und Pfeffer würzen. Dann in
Mehl wenden. Etwas Olivenöl in einer Pfanne erhitzen.
Den Fisch darin kurz anbraten, aus der Pfanne nehmen
und beiseite stellen.
Restliches Olivenöl in einem Topf erhitzen. Darin die
durchgepreßten Knoblauchzehen, die in Ringe geschnittene Frühlingszwiebel und die gewürfelten Schalotten
schmoren. Den in Streifen geschnittenen Mangold und
die Artischockenböden dazugeben. Mit Salz und Pfeffer
würzen und gut umrühren. Mit der Fischbouillon aufgießen und das Ganze 10 Minuten köcheln lassen. Dann
die Hälfte vom Gemüse in eine Greixonera geben, die
Fischscheiben darauf verteilen und das restliche Gemüse
mit etwas Sud darüber schichten.
Die im Mörser zerstoßenen Zutaten für die Borrida mit
etwas Wasser verrühren und darübergeben. Den Fisch-
topf im Ofen ca. 15 Minuten backen.

Zahnbrassen aus dem Ofen mit Gemüsesauce

1 Zahnbrasse (ca.1,5 kg)
oder ein anderer Mittelmeerfisch
Salz, weißer Pfeffer
Saft von $^1\!/_2$ Zitrone, 100 ml Olivenöl
250 g Mangold, 250 g Spinat
2 geschälte, in Würfel geschnittene Tomaten
5 Frühlingszwiebeln, 4 gehackte Knoblauchzehen
1 Bund gehackte Petersilie
je 2 Zweige Majoran und wilde Minze
$^1\!/_4$ l Weißwein, 100 g Mayonnaise, Sardellenfilets

Den Fisch waschen, trockentupfen und auf jeder Seite 3–4mal diagonal einschneiden. Mit Salz, Pfeffer und Zitronensaft würzen. Auf ein eingeöltes Backblech legen und mit etwas Olivenöl beträufeln. Den Mangold und den Spinat verlesen, waschen und abtropfen lassen. Hacken und mit Tomaten, Zwiebeln, Knoblauchzehen und den Kräutern mischen. Salzen, pfeffern und mit dem restlichen Olivenöl beträufeln. Die Mischung über den Fisch verteilen. Das Blech in den auf 200 °C (Umluft 180 °C; Gas Stufe 4) vorgeheizten Backofen schieben, mit Alufolie bedecken und 20 Minuten backen.
Nach 10 Minuten mit Wein abschrecken und ohne Alufolie weiter braten. Ab und zu den austretenden Fischsud mit einem Löffel über Fisch und Gemüse träufeln. Wenn der Fisch gar ist, aus dem Ofen nehmen. Das Gemüse in ein hohes Gefäß geben und etwas abkühlen lassen. Die Mayonnaise und die Sardellenfilets zugeben und mit dem Stabmixer pürieren. Den Fisch mit dieser Sauce überziehen und erneut für einige Minuten zum Überbacken in den Ofen schieben.

Huhn mit Mandeln (siehe Rezept S. 184)

Zahnbrassenfilets mit Paprika

DENTON AMB PEBRES

600 g rote Paprikaschoten
6 EL Olivenöl
4 Kartoffeln
1 mittelgroße Zwiebel
2 Knoblauchzehen
800 g Zahnbrassenfilets, küchenfertig
Salz, weißer Pfeffer aus der Mühle
2 EL Zitronensaft
4 EL Mehl
100 ml Fischfond (aus dem Glas)
Zitronenachtel und Petersilie zum Garnieren

Paprikaschoten waschen, gut abtropfen lassen und trockentupfen. Die Schoten vierteln, Kerne und Stiele entfernen. 2 EL Öl in einer Pfanne erhitzen, die Schoten darin mit der Hautseite anbraten, bis sich die Haut löst. Paprika abkühlen lassen und die Haut abziehen.

Die Kartoffeln schälen und 15 Minuten in Salzwasser garen. Abkühlen lassen und in $^1/_2$ cm dicke Scheiben schneiden. Zwiebel und Knoblauch schälen, Zwiebel in feine Würfel schneiden, Knoblauch hacken. Den Backofen auf 180 Grad (Gas: Stufe 2–3) vorheizen. Die Fischfilets waschen, mit Küchenpapier trockentupfen und mit Salz, Pfeffer und Zitronensaft würzen. Das Mehl auf einen Teller geben und die Fischstücke darin wenden, überschüssiges Mehl abklopfen. Das restliche Olivenöl in einer großen Pfanne erhitzen und die Fischfilets darin kurz von beiden Seiten anbraten, herausnehmen und abkühlen lassen. Zwiebel und Knoblauch in der Pfanne glasig dünsten. Eine Greixonera einfetten und die Kartoffelscheiben in 4 Portionen kreisförmig darin anordnen. Mit Salz und Pfeffer würzen und je ein Filet darauf setzen.

Zwiebel und Knoblauch auf dem Fisch verteilen und mit den Paprikavierteln bedecken. Alles mit Salz und Pfeffer würzen und den Fischfond angießen. Offen in der Ofenmitte bei 180 °C (Umluft 160 °C; Gas Stufe 3) 10–15 Minuten garen. Mit Zitronenachteln und Petersilienzweigen garniert servieren.

(siehe Foto Seite 109)

Zahnbrasse mit Garnelen

CASSOLA DE DENTON AMB GAMBES

800 g Zahnbrasse
Salz, Pfeffer aus der Mühle
Zitronensaft, 100 ml Olivenöl
etwas Mehl
2 gewürfelte Knoblauchzehen
1 klein geschnittene Zwiebel
500 g geschälte, klein geschnittene Tomaten
250 g geschälte Garnelen- oder Langustenschwänze
2 cl Brandy, 100 ml Glas Weißwein

Für die Borrida:

3 Sardellenfilets
1 Knoblauchzehe
80 g geröstete Mandeln
1 EL Petersilie

Zahnbrasse waschen und trockentupfen. In 4 Portionen schneiden. Salzen, pfeffern und mit Zitronensaft beträufeln. Olivenöl in einer Pfanne erhitzen. Fisch in Mehl wenden und im Olivenöl leicht anbraten. Abtropfen lassen und in eine Tonform legen. Knoblauch und Zwiebel im restlichen Olivenöl kurz schmoren. Tomaten zugeben und noch ein paar Minuten weiterschmoren. Garnelen- oder Langustenschwänze zu der Tomatenmischung geben und alles mit Salz und Pfeffer würzen. Mit Brandy abschrecken und so lange flambieren, bis die Flamme von selbst erlischt.
Die im Mörser vermischten Zutaten für die Borrida mit Weißwein verrühren und zugeben. 1 Tasse Wasser angießen und aufkochen. Die Sauce über den Fisch gießen und alles 15 Minuten köcheln lassen. Mit Salzkartoffeln servieren.

Goldbrasse in Meersalz

DORADA AMB SAL

1 Goldbrasse von 1,3 kg
1 kleines Bund Kräuter (Fenchel und Petersilie)
1 Lorbeerblatt
2 Zitronen
etwas Olivenöl, um den Fisch einzureiben
3 kg grobes Meersalz

Salz in eine Schüssel geben und wenig Wasser darüberträufeln.

Fisch innen und außen waschen und trockentupfen. Die Kräuter waschen, trockenschütteln und mit dem Lorbeerblatt in den Bauch des Fisches legen. Die Zitronen in dünne Scheiben schneiden, einige davon zu den Kräutern geben. Den Fisch auf beiden Seiten mit Olivenöl bestreichen.

Eine Schicht Salz auf ein Backblech schütten und einige Zitronenscheiben darauflegen. Den Fisch auf die Zitronenscheiben legen und die andere Seite mit den restlichen Zitronenscheiben bedecken. Darauf das restliche Salz schichten und alles damit einhüllen.

Im vorgeheizten Backofen bei 250 °C (Umluft 230 °C; Gas Stufe 6) in ca. 20 Minuten garen. Direkt auf dem Blech servieren, die Salzkruste aufbrechen und sie sogleich vom Blech nehmen. Mit Knoblauchmayonnaise (siehe Seite 162), Dampfkartoffeln und großen Zitronenstücken servieren.

Knoblauchmayonnaise

ALIOLI

3–6 Knoblauchzehen, je nach Größe
1 Eigelb
1 Glas Olivenöl
Saft von $^1/_2$ Zitrone
Salz

Die Knoblauchzehen schälen, hacken und mit Salz zerdrücken. Mit dem Eigelb in eine Rührschüssel geben und zuerst tropfenweise, später in einem dünnen Strahl das Öl zugießen, dabei ständig mit dem Mixstab oder einem Handrührgerät rühren. Wenn die Sauce beginnt, fest zu werden, den Zitronensaft und eventuell 1 Löffel lauwarmes Wasser zufügen.

Falls die Mayonnaise gerinnt, kann man in einer zweiten Schüssel mit 1 Eigelb und etwas Zitronensaft neu beginnen und nach und nach die geronnene Mayonnaise unterschlagen – oder aber man nimmt etwa $^1/_2$ Tasse fertig gekaufte Mayonnaise und schlägt die geronnene unter. Diese Methode ist bombensicher.

Wichtig: Alle Zutaten müssen Raumtemperatur haben.

Seehecht mit Zwiebelsauce

PEIX AMB SALSA DE CEBA

1 kg Seehecht-Filets
Salz, weißer Pfeffer
Zitronensaft
150 ml Olivenöl
1 Glas Weißwein
$^3/_4$ kg fein geraspelte Zwiebel
1 Bund Kräuter
(Hierbabuena, Thymian, Lorbeer, Fenchel,
Petersilie, Majoran)
80 g geröstete und geschälte oder
rohe und fritierte Mandeln
2 Eigelb

Fisch salzen, pfeffern, mit reichlich Zitronensaft, etwas Olivenöl und Weißwein beträufeln und eine Stunde lang in dieser Marinade ruhen lassen. Die Hälfte des Olivenöls in einen Topf gießen. Zwiebel und gehackte Kräuter darin schmoren. 40 g klein gehackte Mandeln zugeben. Den Fisch in eine große Form legen, die Zwiebel-Kräuter-Mischung auf dem Fisch verteilen und mit Marinade beträufeln.

In den Ofen schieben und ab und zu mit dem eigenen Saft begießen. Wenn nötig, noch Wasser zugießen. Wenn er gar ist, den Fisch herausnehmen und auf eine Platte legen. Die Sauce mit dem Pürierstab sämig rühren. Die Eigelbe zum Legieren in die warme Sauce schlagen. Den Fisch mit der Sauce bedecken, mit den restlichen gehackten Mandeln bestreuen und Salzkartoffeln dazu reichen.

Seehecht aus dem Ofen

FILETS DE LLUÇ AL FORN

4 Seehechtfilets (à 150 g)
4 dünne Scheiben Zitrone
2 geschälte, klein geschnittene Tomaten
3 Stangen Lauch, nur der weiße Teil klein geschnitten
1 EL fein gehackte Petersilie
1 klein geschnittene grüne Paprikaschote
6 EL Olivenöl
80 g Butter
1 Lorbeerblatt
Salz, weißer Pfeffer und Zitronensaft
200 ml Fischbouillon
200 ml Weißwein

Die Fischfilets salzen und mit Zitronensaft beträufeln. Eine feuerfeste Form mit Butter ausstreichen. Die Tomatenwürfel, Lauch, Petersilie und Paprika vermischen und mit Salz und Pfeffer bestreuen. Je eine Scheibe Zitrone auf jedes Fischfilet legen und die Mischung darauf verteilen. Mit der Fischbouillon aufgießen und mit etwas Olivenöl beträufeln. Mit eingefetteter Alufolie abdecken.
Im vorgeheizten Ofen bei 200 °C (Umluft 180 °C; Gas Stufe 4) ca. 20 Minuten braten. Nach ca. 10 Minuten den Wein angießen. Den Fisch herausnehmen und auf eine Platte oder Servierteller legen. Die Flüssigkeit noch etwas einkochen lassen, dann über den Fisch ziehen.

Fischertopf

CASSOLA MARINERA

2 Langustinen oder Kaisergranat
200 g Garnelen
6 EL Olivenöl
2 Knoblauchzehen, 1 große Zwiebel
1 Bund gemischte Kräuter
(Hierbabuena, Petersilie, Estragon, Kerbel, Schnittlauch)
1 TL Paprikapulver
4 Filets von Mittelmeerfischen
Salz, Pfeffer aus der Mühle
1 Glas trockener Hierbas secas (Kräuterlikör) oder Ricard
200 ml Weißwein
350 ml Fischbouillon
250 g Champignons
50 g junge Erbsschoten
1 EL fein gehackte Petersilie
2 EL Semmelbrösel
1 EL gehackte Petersilie

Langustinen oder Kaisergranat ausbrechen und in Scheiben
schneiden. Garnelen schälen und Köpfe und Schalen aufbewahren. Olivenöl in einem Topf erhitzen, gehackte Knoblauchzehen und klein geschnittene Zwiebel darin schmoren. Kräuter, Garnelenköpfe und -schwänze sowie Paprikapulver zugeben. 5 Minuten kochen, dann durchsieben.
Fischfilets in einen Tontopf geben, salzen und pfeffern.
Langustenscheiben in etwas Olivenöl leicht anbraten und
zum Fisch geben. Mit *Hierbas seca* ablöschen, Wein und
Fischbouillon angießen. In Scheiben geschnittene Pilze,
Garnelenschwänze, klein geschnittene Erbsschoten zufügen und bei schwacher Hitze 10 Minuten köcheln lassen.
Zum Schluß die mit Petersilie vermischten Semmelbrösel
zugeben. In der Greixonera servieren.

Fischtopf auf mallorquinische Art

CALDERETA DE PEIX ESTIL MALLORQUI

1,5 kg küchenfertige Mittelmeerfische
Salz, Pfeffer aus der Mühle
Zitronensaft
6 EL Olivenöl
3 kleine weiße Zwiebeln
2 Knoblauchzehen
2 EL gehackte Petersilie
1 Bund frische Kräuter
(Hierbabuena, Petersilie, Fenchelkraut, Thymian)
1 Fleischtomate
1 grüne Paprikaschote
500 g Kartoffeln
1 l Fischbouillon

Den Fisch waschen, trockentupfen, in Stücke schneiden und mit Salz, Pfeffer und Zitronensaft würzen. Das Olivenöl erhitzen, die fein gewürfelten Zwiebeln und Knoblauchzehen darin schmoren. Zerkleinerte Kräuter, die geschälte, gehackte Tomate und die gewürfelte Paprikaschote zufügen. Die Kartoffeln schälen, in Scheiben schneiden und dazugeben.

Alles 10 Minuten schmoren, dann mit einem Liter kochendheißer Fischbouillon aufgießen und so lange köcheln lassen, bis die Kartoffeln gar sind. Während der letzten 8 Minuten auch die Fischstücke darin garen. Mit Salz und Pfeffer abschmecken.

Rotbarben mit Kapernsauce

PAGELLS AMB SALSA DE TÀPERES

4 große küchenfertige Rotbarben
Salz, Pfeffer aus der Mühle
Saft von ½ Zitrone
etwas Mehl
100 ml Olivenöl
4 Knoblauchzehen
das Weiße von 2 Stangen Lauch
2 EL gehackte Petersilie
50 ml Weißwein
1 Lorbeerblatt
200 ml Fischbouillon
4 EL Kapern

Die Fische waschen und trockentupfen. Salzen, pfeffern, mit Zitronensaft beträufeln und leicht in Mehl wenden. Die Hälfte des Olivenöls in einer Pfanne erhitzen und die Fische darin kurz anbraten. Knoblauch pellen und klein schneiden. Lauch putzen, waschen und in Ringe schneiden. Petersilie waschen, trockenschütteln und fein hacken. Knoblauch, Lauch und Petersilie im restlichen Olivenöl dünsten. Mit Weißwein aufgießen, eine Prise Mehl und das Lorbeerblatt zugeben. Gemüsemischung mit Fond oder Wasser aufgießen und 3 Minuten kochen.
Die Fische in eine Tonform geben. Sauce darüber verteilen und im Ofen bei schwacher Hitze 10 Minuten überbacken. Kurz vor dem Herausnehmen mit Kapern bestreuen.

Gefüllte Kalmare

CALAMARS FARCITS

8 küchenfertige Kalmare (am besten schon
vom Fischhändler ausnehmen lassen)
3 EL Olivenöl, 1 Zwiebel
$^1/_4$ l Rotwein
200 ml Fischfond (aus dem Glas)
30 g Rosinen

Für die Füllung:

2 Scheiben trockenes Bauernbrot
4 Knoblauchzehen
2 EL gehackte Petersilie
100 g gehacktes Schweinefleisch
1 Ei, 50 g Pinienkerne
1 Prise Oregano
Salz, Pfeffer aus der Mühle

Kalmare gegebenenfalls ausnehmen, waschen, trocken-tupfen, die Fangarme abschneiden und klein hacken. Für die Füllung das Brot einweichen und 2 Knoblauchzehen fein würfeln. 1 EL Petersilie, das ausgedrückte Brot, Schweinefleisch, Ei, die gehackten Fangarme, Knoblauch und die Pinienkerne verkneten. Mit Oregano, Salz und Pfeffer würzen und damit die Tintenfische füllen.
Das Olivenöl erhitzen, die Kalmare darin rundherum an-braten und in eine Greixonera legen. Restliche Knob-lauchzehen in feine Scheiben schneiden und mit den ge-hackten Zwiebeln im verbliebenen Öl glasig dünsten. Den Wein angießen, den Fischfond, die restliche Petersilie und die Rosinen dazugeben und kurz aufkochen. Über die Kalmare gießen und im vorgeheizten Backofen bei 250 °C (Umluft 230 °C; Gas Stufe 6) ca. 30 Minuten schmoren. Mit Bauernbrot servieren.

Seezungenfilets mit Spinat

FILETS DE PALAIA AMB ESPINACAS

8 Seezungenfilets
Salz
Saft von 1 Zitrone
80 g Butter
200 ml Weißwein
1 Bund Spinat
300 g Garnelenschwänze
2 EL Olivenöl
200 g Schlagsahne

Die Seezungen gleich vom Fischhändler filetieren lassen. Salzen und mit der Hälfte des Zitronensaftes beträufeln. Eine feuerfeste Form mit Butter einfetten und die Filets hineinlegen. Mit dem Weißwein übergießen und mit dem übrigen Zitronensaft beträufeln. Mit Alufolie abgedeckt 10 Minuten im vorgeheizten Ofen bei schwacher Hitze backen.

Den Spinat verlesen, waschen und klein schneiden. Die Garnelenschwänze auf dem Rücken aufschneiden, in 2 EL erhitztem Olivenöl anbraten. In einem Topf 1 EL Butter erhitzen und den Spinat darin schmoren. Die Hälfte der Sahne dazugeben und ein paar Minuten köcheln lassen. Spinat auf eine Platte geben und die Fischfilets darauf verteilen. Restliche Schlagsahne in die Garflüssigkeit rühren und so lange köcheln lassen, bis die Sauce leicht andickt. Garnelenschwänze auf den Fisch legen und die Sauce darüberziehen.

Stockfisch mit Artischocken

BACALLÀ AMB CARXOFES

500 g Stockfisch oder Klippfisch
Mehl zum Wälzen, 150 ml Olivenöl
8 kleine, zarte Artischocken
4 Knoblauchzehen, 5 Frühlingszwiebeln
100 ml Weißwein

Für die Borrida:
20 g Mandeln, 20 g Pinienkerne
je 2 Zweige Hierbabuena, wilde Minze und Majoran
1 EL gehackte Petersilie
1 EL Paprikapulver

Stockfisch in gleich große Stücke teilen und 24 Stunden in Wasser einweichen. Dabei das Wasser mehrmals wechseln. Fisch abtropfen lassen und trockentupfen. Die Fischstücke leicht in Mehl wälzen. In einem Topf die Hälfte des Olivenöls erhitzen und den Fisch darin fritieren. Abgetropft in einen Tontopf geben.
Artischocken waschen, harte äußere Blätter abtrennen, die Herzen herauslösen und in Stücke schneiden. Knoblauchzehen pellen, fein würfeln. Frühlingszwiebeln waschen, putzen und klein schneiden. Knoblauch und Frühlingszwiebeln in dem übrigen Olivenöl schmoren. Nach 10 Minuten Artischocken zugeben und ganz kurz köcheln lassen.
Geschmortes Gemüse auf dem fritierten Stockfisch verteilen. Mit Weißwein und 1 Tasse Garflüssigkeit vom Fisch aufgießen. Fisch im Ofen 15 Minuten braten.
Mandeln, Pinienkerne, Hierbabuena, Minze, Majoran, Petersilie und Paprikapulver im Mörser zerstoßen. Mit etwas Garflüssigkeit verdünnen und nach 10 Minuten über den Fisch geben. Den Tontopf aus dem Ofen nehmen und vor dem Servieren noch ein paar Minuten ziehen lassen.

Stockfisch mit Petersiliensauce

BACALLÀ AMB SALSA JOLIVERT

600 g Stockfisch (getrockneter Kabeljau)
$^1/_2$ mittelgroße weiße Zwiebel
4 Knoblauchzehen
3 EL gehackte Mandeln
6 EL Olivenöl
1 gehäufter EL Mehl
100 ml Weißwein
4 EL fein gehackte Petersilie
1 Lorbeerblatt
1 Zweig Oregano
1 Zweig Minze
200 ml Fischfond (aus dem Glas)
Salz nach Geschmack

Fisch in gleich große Stücke schneiden. 24 Stunden lang wässern und das Wasser mehrmals erneuern. Gut abtropfen lassen und mit einem Küchentuch trockentupfen. Zwiebel pellen und in kleine Würfel, den geschälten Knoblauch in dünne Scheiben schneiden. Mandeln in einer kleinen Pfanne trocken rösten. Olivenöl in einer Pfanne oder einer Greixonera erhitzen. Die Fischstücke leicht in Mehl wälzen, in Olivenöl braten und herausnehmen. Knoblauch ins Öl geben und 15 Sekunden lang darin dünsten. Zwiebel zufügen und glasig braten. Mit Wein abschrecken und den Fisch wieder hineingeben. Mandeln, Petersilie, Lorbeerblatt, Oregano und Minze zufügen. Mit Fischfond aufgießen und 15 Minuten köcheln lassen. Eventuell mit Salz abschmecken.

Stockfisch nach Sóller-Art

BACALLÀ DE SÓLLER

500 g Stockfisch oder Klippfisch
2 kleine Zwiebeln
2 Knoblauchzehen
4 EL Olivenöl
500 g Wildpilze
1 EL Mehl
200 ml Milch
1 EL fein gehackte Petersilie
Zimtpulver
3 EL geriebener mallorquinischer Käse,
ersatzweise mittelalter Gouda

Fisch in gleich große Stücke schneiden und 24 Stunden in Wasser einweichen. Dabei das Wasser viermal erneuern. Fischstücke in einen Topf mit kaltem Wasser geben und kurz aufkochen, dann sogleich vom Herd ziehen. Fisch aus dem Wasser nehmen und von Gräten und Haut befreien.

Zwiebel und Knoblauch pellen und fein würfeln. Olivenöl in einem feuerfesten Tontopf erhitzen und Zwiebel sowie Knoblauch darin schmoren. Die Pilze putzen, feucht abreiben und in Scheiben schneiden. Pilze in den Tontopf geben und anbraten. Das Mehl unterrühren. Die Milch angießen und alles so lange köcheln lassen, bis die Sauce leicht andickt. Mit Petersilie und etwas Zimt bestreuen.

Den Fisch in einer feuerfesten Form verteilen und die Sauce darüberziehen. Mit geriebenem Käse bestreuen und 20 Minuten im Ofen backen.

Stockfisch überbacken

BACALLÀ AMB CROSTA

600 g Stockfisch oder Klippfisch
etwas Mehl
200 ml Olivenöl
2 klein gehackte Knoblauchzehen
2 klein gehackte Zwiebeln
2 EL gehackte Petersilie
1 Zweig Fenchelkraut, gehackt
1 Lorbeerblatt
2 Eiweiß

Für die Borrida:

2 Knoblauchzehen
60 g Pinienkerne
etwas Petersilie
150 ml Milch
1 TL Mehl

Stockfisch in gleich große Stücke teilen und 24 Stunden in Wasser einweichen. Dabei das Wasser mehrmals erneuern. Den Fisch abtropfen lassen und mit einem Tuch trocknen. Leicht in Mehl wälzen.

Olivenöl in einem Topf erhitzen und den Fisch darin fritieren. Abtropfen lassen und in einen Tontopf legen. Etwas von dem Öl abnehmen. Knoblauch, Zwiebeln, Petersilie, Fenchelkraut und Lorbeerblatt im restlichen Öl schmoren.

Die im Mörser zerstoßenen Zutaten für die Borrida und die Zwiebel-Knoblauch-Mischung über den Stockfisch in dem Topf verteilen. Eiweiß zu steifem Schnee schlagen und darüberziehen. Den Fisch im Backofen bei 200 °C (Umluft 180 °C; Gas Stufe 3) ca. 15 Minuten überbacken.

Fisch- und Meeresfrüchte-Platte

PARILLADA DE PEIX I MARISC

4 große, küchenfertige Rotbarben
4 mittelgroße, küchenfertige Tintenfische
4 nicht zu große Scheiben Zackenbarsch
12 Garnelen
4 Langustinen oder Kaisergranat
12 Miesmuscheln
100 ml Olivenöl
4 EL gehackte Petersilie,
3 Knoblauchzehen
Saft von $\frac{1}{2}$ Zitrone
1 TL Paprikapulver

Fisch, Tintenfische, Krustentiere und Muscheln salzen und auf der Plancha (Grillplatte) braten. (Auch die Muscheln öffnen sich auf der Plancha.) Dann alles in eine Greixonera legen.
Aus Olivenöl, Petersilie, Zitronensaft und Paprikapulver eine Marinade herstellen, Fische und Krustentiere damit begießen. Für einige Minuten in den heißen Ofen stellen und bei 220 °C (Umluft 200 °C; Gas Stufe 5) überbacken. Mit einem gemischten Salat servieren.

Garnelen und Muscheln überbacken

GAMBES I MUSCLOS GRATINATS

500 g Garnelen
1 kg küchenfertige Muscheln
$^1/_2$ l Milch
Salz, Pfeffer aus der Mühle
geriebene Muskatnuß
30 g Butter
30 g Mehl
1 EL Olivenöl
500 g gekochte Kartoffeln
3 EL geriebener mallorquinischer Käse,
ersatzweise mittelalter Gouda

Garnelen schälen und Köpfe und Schalen aufbewahren. Muscheln im Wasserdampf kochen und aus den Schalen lösen. Milch, Garnelenköpfe und -schalen in einen Topf geben und einige Minuten kochen. Milch durch ein Sieb gießen und mit Salz, Pfeffer und Muskatnuß würzen.
Butter in einem Topf zerlassen und das Mehl unterrühren. Warme, gewürzte Milch unter die Mehlschwitze rühren und die Sauce unter ständigem Rühren etwas andicken lassen. Das Olivenöl erhitzen und die Garnelen darin kurz anbraten.
Kartoffeln in dünne Scheiben schneiden und in eine feuerfeste Form legen, Muscheln, angebratene Garnelen und die leicht rosafarbene Sauce darüber verteilen. Mit geriebenem Käse bestreuen und im Ofen überbacken.

Hummerkrabben in Salz

GAMBES EN SAL

24 Hummerkrabben (Tiefseegarnelen)
6 Knoblauchzehen
1 Bund Petersilie
2–3 große Zitronen
2 kg grobes Meersalz

Hummerkrabben waschen und trockentupfen. Knoblauch pellen, grob hacken und in den Mörser geben. Petersilie waschen, trockenschütteln, grob hacken und mit dem Knoblauch im Mörser zerstoßen. Die Hummerkrabben in dieser Mischung wenden.
Die Zitronen in 24 dünne Scheiben schneiden. 1 kg Salz auf ein mittelgroßes Backblech schütten. Die Zitronenscheiben darauf verteilen und die Hummerkrabben darauf legen. Mit dem restlichen Salz bedecken. Den Backofen auf 250 °C (Umluft 130 °C; Gas Stufe 6) vorheizen und die Hummerkrabben ca. 20 Minuten darin garen.

Muscheln nach Seemannsart

CLOVISSES A LA MARINERA

1,5 kg große Miesmuscheln
1 l Weißwein
100 ml Olivenöl
1 kleine Zwiebel, klein geschnitten
2 Knoblauchzehen
2 geschälte und klein gewürfelte Tomaten
1 Lorbeerblatt
1 Stückchen getrocknete Chilischote
1 EL fein gehackte Petersilie
100 ml trockener Weißwein
1 TL Mehl

Muscheln gründlich waschen und bürsten. Mit dem Wein und $^1/_2$ l Wasser in einem Topf zugedeckt garen. Die ungeöffneten Muscheln wegwerfen. Anschließend beiseite stellen. Olivenöl in einem zweiten Topf erhitzen. Zwiebel und Knoblauch dazugeben und glasig dünsten. Tomaten zu der Zwiebelmischung geben und schmoren, dann Lorbeer, Chilischote und Petersilie zufügen. Mit 1 Glas Wein aufgießen und die Flüssigkeit ein paar Minuten reduzieren.
Muscheln aus dem Sud nehmen und abtropfen lassen. In die Sauce geben und leicht mit Mehl bestreuen. Muschelsud durch ein sauberes Küchentuch in einem Sieb zu den Muscheln in den Topf gießen. Alles einige Minuten köcheln lassen und vor dem Servieren noch einmal abschmecken.

Langustentopf

2 kg küchenfertige Langusten
100 ml Olivenöl
3 gehackte Knoblauchzehen
2 gehackte Zwiebeln
2 grüne, klein gewürfelte Paprikaschoten
500 g reife Tomaten, geschält und klein geschnitten
einige getrocknete unbehandelte Orangenschalen
1 Lorbeerblatt, Salz, Pfeffer
1 Glas Brandy
4 Scheiben getoastetes Bauernbrot

Für die Borrida:

1 Scheibe trockenes Weißbrot
75 g geröstete Mandeln
1 Prise Cayennepfeffer
1 EL gehackte Petersilie
Blättchen von je 1 Zweig Majoran und wilder Minze

Langusten in große Stücke schneiden und beiseite stellen. Die Hälfte des Olivenöls in einen großen flachen Tontopf geben. Knoblauch, Zwiebeln und Paprikaschoten darin glasig schmoren, dann die Tomaten zufügen. Die Orangenschalen und das Lorbeerblatt dazugeben. Langusten salzen und pfeffern. Übriges Olivenöl erhitzen und die Krebse darin schmoren. Mit dem Brandy flambieren und zum Gemüse geben. Mit etwa 1 Liter Wasser auffüllen und zugedeckt köcheln lassen.
Nach 15 Minuten die im Mörser zerstoßenen Zutaten für die Borrida dazugeben. Mit Salz und Pfeffer abschmecken und ca. 20 Minuten köcheln lassen. Getoastete Brotscheiben in den Teller legen und die Suppe darüber gießen. Langustenstücke darauf verteilen.

Aal-Frikassee mit Mandeln

ESCALDUMS D'ANGUILES

800 g dicker Aal (küchenfertig)
4 EL Butter
4 EL Olivenöl
1 EL Mehl
$^1/_4$ l Fischbouillon
$^1/_4$ l Weißwein
1 Lorbeerblatt
weißer Pfeffer
24 Perlzwiebeln
200 g Champignons
20 blanchierte, geröstete, gehackte Mandeln
Salz

Für die Borrida:

3 Knoblauchzehen
1 EL fein gehackte Petersilie
2 hart gekochte Eigelb
einige Safranfäden

Den Aal waschen und trockentupfen. Die Butter und das Olivenöl erhitzen und das Mehl einrühren, etwas anschwitzen. Mit $^1/_4$ l Fischbouillon und dem Weißwein aufgießen, das Lorbeerblatt dazugeben. Die Zwiebeln ein paar Minuten blanchieren, abkühlen lassen und schälen. Die Champignons waschen, in einem Sieb kurz abtropfen lassen und vierteln. Zwiebeln und Pilze in den Topf geben und alles ca. 20 Minuten kochen. Den Aal zugeben und noch ca. 30 Minuten köcheln lassen. Kurz vor Ende der Kochzeit die Mandeln zugeben. Die im Mörser zerstoßenen Zutaten für die Borrida ganz zum Schluß einrühren. Wenn nötig, mit Salz abschmecken.

Aal-Eintopf

GREIXONERA D'ANGUILES

1 kg Aal, küchenfertig
Mehl zum Wenden, 100 ml Olivenöl
4 Schalotten
4 geschälte, klein geschnittene Tomaten
200 ml Weißwein
100 ml Fischbouillon
150 g Zuckererbsen
4 klein geschnittene Artischockenböden
etwas Zitronensaft

Für die Borrida:

60 g geröstete Pinienkerne
1 EL gehackte Petersilie
je 1 TL gehackte Oregano- und Minzblättchen
4 Knoblauchzehen
1 Scheibe trockenes Weißbrot, gerieben
Salz, Pfeffer aus der Mühle
1 TL Paprikapulver, 1 Prise Zimt

Den Aal waschen, gegebenenfalls enthäuten, trocknen und in 3 cm lange Stücke schneiden. In Mehl wenden. Die Stücke in ca. 3 EL erhitztem Olivenöl in einer Pfanne braten. Herausnehmen und in eine Greixonera geben. Die gepellten, gehackten Schalotten im verbliebenen Öl in der Pfanne glasig dünsten. Tomaten zugeben und schmoren. Mit Wein abschrecken und die Flüssigkeit bis auf ein Drittel einkochen lassen.
Die im Mörser zerstoßenen Zutaten für die Borrida mit Fischbouillon vermischen und über den Aal geben. Zum Schluß die gewaschenen Zuckererbsen und die mit Zitronensaft beträufelten Artischockenböden zugeben. Zugedeckt bei schwacher Hitze köcheln lassen, bis das Gemüse und der Fisch gar sind.

Schnecken mit Sobrasada

CARGOLS AMB SOBRASADA

4 Dutzend Schnecken
1 $^1/_2$ l Geflügelbrühe
1 Stück Schinken mit Schwarte
1 Bund frische Kräuter
(Hierbabuena, Thymian, Oregano, Fenchelkraut,
Petersilie, 1 Lorbeerblatt)
1 mittelgroße weiße Zwiebel
6 Knoblauchzehen
2 Tomaten
100 g Sobrasada (siehe Seite 57)
3 EL Olivenöl
$^1/_2$ kleine Chilischote

Die Schnecken in Salzwasser gründlich waschen. Wasser
mehrmals erneuern. Die Geflügelbrühe in einem großen
Topf zum Kochen bringen. Das Schinkenstück zufügen. Die Kräuter zusammenbinden und in die Brühe
geben. Die Schnecken zufügen und bei geringer Hitze ca.
1 Stunde garen. Die Zwiebel pellen und hacken. Geschälte
Knoblauchzehen in feine Scheiben schneiden. Tomaten
überbrühen, pellen und grob hacken. Sobrasada klein
schneiden.
Das Olivenöl erhitzen, Wurst, Zwiebelwürfel sowie Knoblauchscheiben zufügen und anbraten, dann die Tomaten unterrühren. Die Mischung in die Brühe zu den
Schnecken geben, Chilischote zufügen und alles noch
20 Minuten köcheln lassen. In kleinen Schälchen mit
Weißbrot servieren. Dazu Alioli (siehe Seite 162) reichen.
Der Einfachheit halber können Sie auch 150 g fertige
Mayonnaise mit 4 durchgedrückten Knoblauchzehen vermischen.

Geflügel

Auf Mallorca gibt es auch heute noch vorwiegend frei-laufendes Geflügel: Hühner, Perlhühner, Puten und Enten. Kein Wunder also, daß die Geflügelgerichte der Insel, von denen es unzählige gibt, so besonders gut schmecken. In vielen Familien wird an Weihnachten ein köstlicher Hühnertopf serviert. *Escaldums* heißt eigentlich nur »gekocht« und bedeutet, daß dieses Gericht keine Tomaten enthält.

Wer in der Gegend von Binissalem einkehrt, wird dort auf viele Gerichte stoßen, die mit Wein zubereitet werden. Besonders gern wird Geflügel mit Wein gekocht, und eine Spezialität ist Ente in Rotwein.

Küchengeschichten wie die vom »Falschen Rebhuhn« haben auf Mallorca Tradition, worin sich auch der Wert, den eine gute Küche auf Mallorca hat, widerspiegelt:

Der Koch des Dorfpfarrers von Alaró hatte oft seine liebe Not, eine ordentliche Mahlzeit auf den Tisch zu bringen, denn Hochwürden war immer in Geldnöten. Einmal kündigte der Bischof von Palma, von dessen Wohlwollen sehr viel abhing, seinen Besuch an, und jeder wußte, daß er gerne gut aß. Rebhuhn schätzte er besonders. Aber woher nehmen und nicht stehlen? Der schlaue Koch nahm zwei Hähnchen und klopfte aus Brust und Schenkeln die Teile so zurecht, daß er sie aufrollen konnte. Er bereitete Rouladen mit würzigen Zutaten daraus zu, und der Bischof merkte nichts, sondern lobte die feine Küche des Dorfpfarrers.

Huhn mit 20 Knoblauchzehen

POLLASTRE AMB ALLS

1 Huhn (ca. 1,5 kg)
Salz, Pfeffer aus der Mühle
200 ml Olivenöl
3 Lorbeerblätter
20 ungeschälte Knoblauchzehen
300 ml Weißwein
600 g Kartoffeln
etwa 2 Zehen gehackter Knoblauch
2 EL gehackte Petersilie

Das Huhn in 8 Teile schneiden, salzen und pfeffern. Die Hälfte des Olivenöls in einer Pfanne erhitzen. Die Hühnerteile mit 2 Lorbeerblättern darin anbraten. Ab und zu wenden. Die 20 ungeschälten Knoblauchzehen dazugeben. Wenn sie beginnen, braun zu werden, mit Wein ablöschen und den Bratsatz lösen. Das Huhn zugedeckt bei schwacher Hitze weich kochen.

Inzwischen die Kartoffeln schälen und in $^1/_2$ cm große Stücke schneiden. Kartoffeln im restlichen Olivenöl braten und bei halber Garzeit den gehackten Knoblauch, 1 EL Petersilie und das übrige Lorbeerblatt dazugeben. Mit Salz und Pfeffer würzen und mit der restlichen Petersilie bestreuen. Kartoffeln in einen Tontopf füllen und das Huhn mit der Sauce darüber verteilen. Heiß servieren.

Huhn mit Mandeln

ESCADULMS DE POLLASTRE

1 Huhn (1,5 kg)
Salz, Pfeffer aus der Mühle
etwas Mehl zum Wälzen
2 EL Schweineschmalz
400 g neue Kartoffeln
2 mittelgroße, gehackte Zwiebeln
5 Knoblauchzehen
50 g geschälte, gehackte Mandeln
1 große Fleischtomate
250 ml Wein
1 Bund Kräuter
(Oregano, Hierbabuena, Lorbeer, Thymian und Sellerieblätter)
einige Safranfäden
1 Prise Zimt
1 TL gekörnte Brühe
100 ml Milch

Für die Picada:

50 g geschälte, geröstete Mandeln
3 Knoblauchzehen
Blättchen von 2 Zweigen Oregano
Blätter von 2 Stengeln Petersilie

Das Huhn waschen, in 8 Teile zerlegen und trockentupfen. Mit Salz und Pfeffer würzen und in Mehl wälzen. Schweineschmalz in einer Pfanne erhitzen und die Hühnerstücke darin leicht anbraten. Herausnehmen, abtropfen lassen, in eine Greixonera oder eine tiefe Tonform geben und im Ofen bei 75 °C warm halten.
Die Kartoffeln schälen, waschen und in Stifte schneiden. Im Hühnerfett in der Pfanne etwa 10 Minuten unter Rühren goldgelb braten. Zu dem Huhn in der Tonform

geben. Zwiebeln und Knoblauchzehen schälen, die Zwiebeln fein würfeln, die Knoblauchzehen in Scheiben schneiden. Die Tomate häuten, halbieren und das Fruchtfleisch klein würfeln. Kräuter waschen, trockenschütteln und hacken.

Zwiebeln und Knoblauch in der Pfanne anbraten, die Tomatenwürfel und die gehackten Mandeln unter Rühren kurz mitdünsten. Den Bratsatz mit Wein lösen, Kräuter, Safran, Zimt sowie gekörnte Brühe zufügen und die Flüssigkeit etwas einkochen lassen. Die Milch zugießen und aufkochen. Diese Mischung über Huhn und Kartoffeln gießen. Den Backofen auf 200 °C (Umluft 180 ° C; Gas Stufe 4) schalten und das Gericht 20 Minuten schmoren.

Die im Mörser zerstoßenen Zutaten für die Picada 10 Minuten vor Ende der Garzeit unterrühren. Mit Salz abschmecken und servieren.

(siehe Foto Seite 157)

Gefülltes Hähnchen

1 Hähnchen (1,5 kg)
etwas Schweineschmalz
1 kleine Tasse Honig

Für die Füllung:

150 g getrocknete Pflaumen ohne Stein, klein gehackt
1 kleiner Apfel, geschält und gewürfelt
100 g geschälte Kastanien
100 g gewürfelter Speck
50 g gewürfelter Schinken
1 in Milch eingeweichte Scheibe Brot
2 cl Brandy
2 cl Sherry
1 Eiweiß
200 ml Weißwein
Salz, Pfeffer aus der Mühle
1 TL Geflügelgewürz

Für die Sauce:

Herz und Leber vom Hähnchen
1 mittelgroße Zwiebel
Butter zum Braten
1 Nelke
1 Lorbeerblatt
$^1/_2$ Glas Weißwein
Salz

Den Backofen auf 200 °C vorheizen. Hähnchen waschen und trockentupfen. Die Zutaten für die Füllung mischen und mit Salz, Pfeffer und Geflügelgewürz abschmecken. Das Hähnchen damit füllen und mit Küchengarn zunähen. Mit Schweineschmalz bestreichen. In Alufolie wickeln und mit einer Nadel einige Löcher hineinstechen. Hähnchen im vorgeheizten Ofen (Umluft 180 °C; Gas Stufe 4) 1 Stunde backen. Rausnehmen und die Alufolie entfernen. Das Hähnchen rundherum mit Honig bestreichen, wieder in den Ofen schieben und 6–8 weitere Minuten braten.

Für die Sauce die Innereien in Wasser gar kochen. Zwiebel pellen und sehr fein schneiden. Die Butter in einem Topf erhitzen. Zwiebel darin braten. Nelke und Lorbeerblatt zufügen und mit dem Wein aufgießen. 10 Minuten köcheln lassen. Hähnchen aus dem Ofen nehmen und auf einer Platte anrichten. Garflüssigkeit zu den Zwiebeln in den Topf geben, kurz aufkochen, durch ein Sieb gießen und mit Salz abschmecken. Zum Servieren die Sauce über das Hähnchen ziehen. Mit neuen, im Ofen geschmorten Kartoffeln und gedünstetem Gemüse servieren.

Perlhuhnfrikassee mit Reis

GALLINA MORISCA AMB ARRÓS

1 Perlhuhn, in 8 Teile zerlegt
Salz, Pfeffer aus der Mühle
100 g Schweineschmalz
$^1/_2$ fein gehackte Zwiebel
2 fein gewürfelte Knoblauchzehen
1 klein geschnittene grüne Paprikaschote
2 reife Tomaten, gehäutet und klein geschnitten
300 g Reis
750 ml Geflügelfond
2 kleine, zarte Artischocken
1 Prise Safranfäden
300 ml pürierte oder passierteTomaten
1 kleine Chilischote

Das Perlhuhn waschen und trockenreiben. Das Fleisch ablösen und in Würfel schneiden, salzen und pfeffern. Schweineschmalz in einem Tontopf erhitzen und das Fleisch darin anbraten. Zwiebel und Knoblauch ebenfalls anbraten. Paprika- und Tomatenwürfel zufügen, den Reis untermischen und kurz mitschmoren. Den heißen Geflügelfond angießen.
Die Artischocken waschen, Stiele abschneiden. Etwa zwei Drittel der Blätter abreißen. Übrige grüne Blattspitzen und das »Heu« in Inneren entfernen. Artischockenböden in den Topf geben. Safranfäden im Mörser zerstoßen, in etwas von dem Fond auflösen und zufügen. Alles bei schwacher Hitze 20 Minuten garen. Das Gericht 5 Minuten vor Ende der Garzeit in den Backofen stellen, damit der Reis abdampfen kann.

Ente mit Rotweinsauce

ANNERA AMB SALSA DE VI NEGRE

1 küchenfertige Ente (2,5 kg)
100 g Schweineschmalz
1 Zwiebel
1 Möhre
1 Stange Lauch
Salz, Pfeffer aus der Mühle
1 TL frischer oder $\frac{1}{2}$ TL getrockneter Thymian
1 Lorbeerblatt
400 ml Rotwein aus Binissalem
$\frac{1}{4}$ l Geflügelbrühe
6 EL Olivenöl
1 Stück unbehandelte Orangenschale

Die Ente in 8 Teile zerlegen, dabei die Rücken- und Brustknochen herauslösen. Die Entenknochen in einem Topf im
Schweineschmalz goldbraun braten. Zwiebel schälen.
Möhre und Lauch waschen und mit der Zwiebel in gleich
große Stücke teilen. Gemüse zu den Knochen in den Topf
geben. Mit Salz, Pfeffer, Thymian und Lorbeerblatt würzen. Den Rotwein zugießen und die Flüssigkeit bis auf die
Hälfte einkochen. Mit heißer Geflügelbrühe aufgießen
und 1 Stunde bei schwacher Hitze köcheln lassen.
Entenstücke salzen und pfeffern. Olivenöl in einer Pfanne
erhitzen, das Fleisch darin rundherum scharf anbraten.
Die Entenstücke aus der Pfanne nehmen und für 30 Minuten zu den Knochen legen. Die Garflüssigkeit durch ein
feines Sieb gießen und warm stellen.
Die Entenstücke auf einer Platte anrichten und die heiße
Sauce dazu reichen. Mit gebratenen Kartoffeln und ge-
schmortem Gemüse der Saison servieren.

Stubenküken mit Feigenfüllung

POLLASTRES FARCITS AMB FIGUES

4 Stubenküken
Salz, Pfeffer aus der Mühle
1 kleine, gehackte Zwiebel
1 EL Butter
150 g gewürfelter durchwachsener Speck
1 Scheibe Brot, in etwas Milch eingeweicht
30 g Korinthen
150 g getrocknete Feigen, in kleine Würfel geschnitten
1 Eiweiß
2 cl Glas Brandy
1 Prise Zimt
1 Zweig Thymian
2 EL Schweineschmalz
2 Stange Lauch, in Stücke geschnitten
1 Zwiebel, in Achtel geschnitten
1 Möhre, gewürfelt
2 Tomaten
7 EL Olivenöl
200 ml Weißwein
200 ml Brühe
1 TL Maismehl
200 g Champignons in Scheiben
1 EL Schweineleberpastete

Die Stubenküken waschen und trockenreiben. Am Rükken längs aufschneiden, das Rückgrat und die Brustknochen herauslösen. Die Knochen klein hacken und beiseite stellen. Die Stubenküken mit Salz und Pfeffer würzen. Die Zwiebel in der Butter 5 Minuten schmoren. Speck, Brot, Korinthen, getrocknete Feigen, Eiweiß, Brandy und Zwiebel in einer Schüssel vermischen. Die Mischung mit Salz, Pfeffer, Zimt und Thymian würzen. Die Stubenküken damit füllen, mit Küchengarn zunähen und rundherum mit Schweineschmalz einreiben.

Die Knochen klein schneiden und mit Lauch, Zwiebel, Möhre und Tomaten vermischen. Diese Mischung in eine feuerfeste Form geben und mit 6 EL Olivenöl beträufeln. Die Stubenküken darauf setzen und den Topf in den vorgeheizten Backofen schieben. Bei 200 °C (Umluft 180 °C; Gas Stufe 4) 1 Stunde braten. Nach 30 Minuten mit Weißwein übergießen. Nach weiteren 30 Minuten den Topf herausnehmen, Stubenküken warm stellen und die Gemüsemischung mit Brühe aufgießen. 5 Minuten köcheln lassen.

Zum Andicken der Sauce das Maismehl mit etwas Wasser anrühren und untermischen. Die Sauce durch ein Sieb passieren und beiseite stellen. Übriges Olivenöl in einem Topf erhitzen. Champignonscheiben darin anschmoren. Sauce dazugeben und alles einige Minuten köcheln lassen. Zum Schluß die Leberpastete unterrühren. Das Geflügel mit Sauce übergießen und servieren. Als Beilage Bratkartöffelchen oder Reis und Gemüse der Saison reichen.

Wachteln mit »Turrón«

8 Wachteln
Salz, Pfeffer aus der Mühle
100 g Serranoschinken
50 g Semmelbrösel
2 EL Milch
250 g Marzipanrohmasse
50 g Rosinen
2 Eiweiß
Blättchen von je 1 Zweig Majoran, Salbei und Thymian
1 TL Brandy
1 Möhre
1 Zwiebel
1 Knoblauchzehe
1 Stange Lauch
1 Stange Sellerie
50 g Schweineschmalz
200 ml Weißwein
200 ml Brühe

Die Wachteln auf dem Rücken längs aufschneiden, Rückgrat und Brustknochen herauslösen und beiseite legen. Die Wachteln salzen und pfeffern. Serranoschinken in kleine Würfel schneiden. Semmelbrösel mit der Milch befeuchten. Marzipan, Rosinen, Schinken, Eiweiß und Semmelbrösel in einen Topf geben, salzen und pfeffern. Mit Majoran, Salbei und Thymian aromatisieren, mit dem Brandy beträufeln. Alles gründlich vermischen. Die Wachteln mit dieser Mischung füllen und die Öffnungen mit Zahnstochern verschließen.

Möhre, Zwiebel und Knoblauch schälen und würfeln. Lauch putzen, waschen und in Ringe schneiden. Sellerie waschen und in Stücke schneiden. Das Schweineschmalz in einem Bräter erhitzen und das Gemüse und die Knochen darin einige Minuten dünsten. Die Wachteln darauf setzen und braten. Nach 15 Minuten mit Weißwein und Brühe übergießen. Noch 20 Minuten weiter braten, bis die Wachteln weich sind. Knochengehäuse entfernen und Fett abschöpfen. Die restlichen Zutaten durch ein Sieb streichen oder mit dem Stabmixer pürieren. Wachteln mit der Sauce, gebratenen Kartoffeln und in Butter geschwenkten Möhren servieren.

Falsches Rebhuhn

Perdiu falsa

8 flach geklopfte Hähnchenbrüste
Salz, Pfeffer aus der Mühle
200 g durchwachsene Räucherspeckscheiben
2 kleine, gewürfelte Blutwürste
150 g gewürfelte Sobrasada (siehe Seite 57)
etwas Mehl zum Wälzen
6 EL Olivenöl
1 fein gewürfelte Zwiebel
1 Bund frische Kräuter
(Thymian, Oregano, Salbei, Petersilie)
1 Lorbeerblatt
200 ml Weißwein
250 ml pürierte oder passierte Tomaten
(Dose oder Tetrapack)
2 Tassen Brühe
300 g Wildpilze oder Champignons

Hähnchenbrustfilets mit Salz und Pfeffer würzen. Filets auf die Arbeitsplatte legen. Die Speckscheiben, die in Würfel geschnittenen Blutwürste und Sobrasada darauf verteilen. Zu kleinen Rouladen aufrollen und mit Küchengarn zusammenbinden. Jedes Päckchen in Mehl wälzen. 4 EL Olivenöl in einer großen Pfanne erhitzen und die Rouladen darin anbraten. Dann in einen Bräter legen. Zwiebel, Kräuter und Lorbeerblatt in der Pfanne im selben Öl schmoren. Den Weißwein dazugießen und die Flüssigkeit einkochen lassen. Die pürierten Tomaten und die Brühe dazugeben und nochmals aufkochen. Diese Mischung über die Rouladen im Topf gießen. Den Bräter verschließen und alles bei schwacher Hitze 1 Stunde 20 Minuten schmurgeln lassen.
Wenn das Fleisch gar ist, den Topf vom Herd nehmen.

Pilze waschen, trockenreiben und klein schneiden. Übriges Olivenöl in einer zweiten Pfanne erhitzen und die Pilze darin anbraten. Dann mit in den Topf geben und alles einige Minuten köcheln lassen. Kurz vor dem Servieren die Rouladen aus dem Topf heben, Küchengarn und Kräuter entfernen.

Fleisch

Schweinefleisch dominiert in der Fleischküche der Insel. Und das ist kein Wunder, denn die mallorquinischen Schweine sind äußerst schmackhaft. Das liegt nicht allein an der besonderen Rasse der schwarzen Schweine, sondern wohl in erster Linie am guten Futter: Eicheln, Johannisbrot, Kakteenfrüchte, Feigen und Alfalfagras (Luzerne) geben dem Fleisch seinen unvergleichlichen Geschmack.

Lange Zeit waren die kleinen schwarzen Borstentiere ein wichtiger Exportartikel, weil ihr Fleisch vor allem auf dem spanischen Festland geschätzt wurde. Auch wenn es heute durch das rosige Hausschwein etwas verdrängt wird, so ist das Fleisch vom schwarzen Schwein *porcella negra* Voraussetzung für die Herstellung von *Sobrasada.* Ebenso wie für *Lechona,* das Spanferkel vom Holzofengrill, das man auf jeden Fall probieren sollte.

Auch das mallorquinische Lammfleisch zeichnet sich durch besondere Schmackhaftigkeit aus. Wie die Schweine werden auch Schafe freilaufend gehalten und ernähren sich von Gras und Kräutern. Besonders hervorzuheben ist das *xot de muntanya*, Fleisch von Berglämmern, die speziellen Schutzmaßnahmen unterliegen.

Rind- und Kalbfleisch spielen schon deshalb nur eine untergeordnete Rolle in der Inselküche, weil es seit jeher aus Platzgründen nur wenige Bauern gab, die Rinder hielten.

Gebratenes Spanferkel

1 Spanferkelkeule mit Schwarte
Salz, Pfeffer aus der Mühle
6 Knoblauchzehen
Saft von 1 Zitrone
5 EL Honig
3 EL Schweineschmalz
Pinienzweige für das Backblech
100 ml Brandy

Die Spanferkelkeule mehrfach einschneiden und rundherum mit Salz und Pfeffer einreiben. Für die Marinade den Knoblauch schälen, fein hacken und mit dem Zitronensaft und dem Honig im Mörser zerstoßen. Die Spanferkelkeule im heißen Schweineschmalz auf beiden Seiten gut anbraten.

Pinienzweige auf das Backblech legen, die Spanferkelkeule daraufgeben und im vorgeheizten Backofen bei 200 °C (Umluft 180 °C; Gas Stufe 4) ca. $1\,^1/_2$ Stunden braten. Während des Bratens das Fleisch öfters mit der Marinade bestreichen. Zum Schluß den Brandy darübergießen und 10 Minuten grillen. Dazu gebratene Kartoffeln und Salat oder junges Gemüse servieren.

Fleischbällchen mit Languste

PILOTES AMB LLAGOSTA

250 g gehacktes Schweinefleisch
Salz, Pfeffer aus der Mühle
1 Scheibe Brot, in Milch eingeweicht
1 Eigelb, 1 EL Mehl
150 ml Olivenöl
1 mittelgroße Languste
2 EL Wein
1 Bund frische Kräuter
(Hierbabuena, Thymian, Oregano, Fenchelkraut, Petersilie)
2 in Ringe geschnittene Zwiebeln
1 Knoblauchzehe
1 Lorbeerblatt
2 Tassen Brühe
$\frac{1}{4}$ l Milch
100 g Schlagsahne

Das Fleisch salzen und pfeffern, mit Brot und Eigelb vermischen und zu walnußgroßen Bällchen formen. In Mehl
wälzen. Die Hälfte des Olivenöls in einer Pfanne erhitzen
und die Fleischbällchen darin braten. Bällchen in eine
Greixonera geben.
Langustenfleisch auslösen, klein schneiden, mit Salz und
Pfeffer würzen und im restlichen erhitzten Olivenöl braten. Mit dem Wein ablöschen und die Stücke zu den
Fleischbällchen geben. Kräuter waschen, trockenschütteln
und hacken. Mit Zwiebeln, Knoblauch und Lorbeerblatt
3 Minuten in der Pfanne dünsten, dann ebenfalls in die
Greixonera geben. Mit Brühe und Milch aufgießen und
das Ganze ca. 20 Minuten köcheln lassen. Zum Schluß die
Sahne dazugeben. Sobald das Gericht zu kochen beginnt,
den Topf vom Herd nehmen und die Fleischbällchen servieren.

Mariniertes Kaninchen (siehe Rezept S. 214)

Schweinelendensteaks
mit weißen Bohnen

LLOM AMB MONGETES BLANCES

8 Schweinelendensteaks
Salz, Pfeffer aus der Mühle
Mehl zum Wälzen
2 EL Schweineschmalz
1 fein gehackte Zwiebel
2 fein gehackte Knoblauchzehen
2 Tomaten
Blättchen von 1 Zweig Thymian
1 TL Paprikapulver
400 g weiße Bohnen aus der Dose
1 EL fein gehackte Petersilie

Die Steaks mit Salz und Pfeffer würzen, dann in Mehl wälzen. Schweineschmalz in einer Pfanne erhitzen und die Steaks darin auf beiden Seiten braten. Anschließend herausnehmen und warm stellen. Zwiebel und Knoblauch im selben Fett in der Pfanne schmoren.
Tomaten blanchieren, schälen und klein schneiden Mit dem Stabmixer pürieren und dazugeben Mit Salz, Thymian und Paprikapulver würzen. Einige Minuten köcheln lassen, dann die weißen Bohnen unter die Sauce mischen und erhitzen. Pfanne vom Herd nehmen und die gebratenen Schweinelenden mit den geschmorten weißen Bohnen servieren. Mit der Petersilie bestreuen.

Frikadellen mit Mangold

RAOLES DE PORC AMB BLEDES

250 g Mangold
Salz, Pfeffer aus der Mühle
200 g Schweinemett
200 g mageres Schweinehack
2 verquirlte Eier
1 fein gehackte Knoblauchzehe
1 fein gehackte Zwiebel
1 EL gerebelter Majoran
2 EL Semmelbrösel
Mehl zum Wälzen
Olivenöl zum Braten

Den Mangold putzen, waschen und abtropfen lassen. Dabei die Stiele herausschneiden. Die dunkelgrünen Blätter 2 Minuten in Salzwasser blanchieren, herausnehmen und abtropfen lassen. Mangold klein hacken. Schweinemett, Schweinehack, Eier, Knoblauch, Zwiebel, Majoran und Semmelbrösel in einer Schüssel vermischen. Mit Salz und Pfeffer abschmecken.
Die Fleischmasse zu länglichen Frikadellen formen und in Mehl wälzen. Das Olivenöl in einer Pfanne erhitzen und die Frikadellen darin rundherum braun braten. Dazu gebratene Kartoffeln und in Butter geschwenktes junges Gemüse servieren.

Schweinelende aus dem Topf

CASSOLA DE PORC

1 Apfel, in Scheiben geschnitten
300 g Süßkartoffeln, geschält und in Scheiben geschnitten
1 fein gewürfelte Zwiebel
Salz, Pfeffer aus der Mühle
1 EL brauner Zucker
2 EL Schweineschmalz
8 Scheiben Schweinelende
Saft von 1 Zitrone
2 Tassen Brühe

Apfel- sowie Süßkartoffelscheiben und die Zwiebelwürfel in einer Schüssel vermischen. Die Mischung salzen, pfeffern und mit braunem Zucker bestreuen. Eine Greixonera mit Schweineschmalz ausstreichen und die Mischung hineingeben.

Fleisch salzen, pfeffern, mit Zitronensaft beträufeln. Auf die Mischung legen. Mit Brühe oder Wasser aufgießen und den Topf verschließen. Das Gericht im vorgeheizten Backofen bei 200 °C (Umluft 180 °C; Gas Stufe 4) ca. 40 Minuten garen. Während der letzten 10 Minuten den Deckel entfernen, damit das Fleisch braun und knusprig werden kann. Wie einen Eintopf servieren.

Schweinswürstchen mit Kohl

SALSITXES AMB COL

2 EL Schweineschmalz
16 kleine Schweinswürste
1 kleiner Weißkohl
2 fein gehackte Knoblauchzehen
5 fein gehackte kleine weiße Zwiebeln
50 g Rosinen
50 g Pinienkerne
50 g Sobrasada (siehe Seite 57)
100 ml Weißwein
Salz, Pfeffer aus der Mühle

1 EL Schweineschmalz in einer Pfanne erhitzen und die Würste darin goldbraun braten. Herausnehmen und in einen Tontopf legen. Den Kohl waschen. Den Strunk entfernen und das Gemüse klein schneiden.
Restliches Schweineschmalz in einem Topf erhitzen. Knoblauchzehen und Zwiebeln darin schmoren. Rosinen, Pinienkerne und zerkleinerte Sobrasada dazugeben. Kohl untermischen. Alles mit Salz und Pfeffer würzen, einen Deckel auflegen und bei schwacher Hitze 15 Minuten köcheln lassen. Ab und zu umrühren. Den Weißwein und die Würste dazugeben und weitere 15 Minuten schmoren. Wie einen Eintopf servieren.

Schweinshaxen mit Tomatensauce

PENS DE PORC AMB SALSA DE TOMÀTIGA

4 kleine Schweinshaxen
3 Möhren, in Stücke geschnitten
2 Zwiebeln, geschält und in Achtel geschnitten
etwas Petersilie
2 Stangen Lauch, der weiße Teil in Ringe geschnitten
1 Lorbeerblatt
1 Zweig Thymian
40 g Mehl
2 verquirlte Eier
150 ml Olivenöl
100 g Rosinen
80 g Pinienkerne
Salz, Pfeffer aus der Mühle
500 ml pürierte oder passierte Tomaten (Dose oder Tetrapack)

Für die Picada:

50 g geschälte, geröstete Mandeln
2 geschälte Knoblauchzehen
einige Blätter Oregano und wilde Minze
1 EL gehackte Petersilie
1 Scheibe geröstetes Brot

Schweinshaxen waschen. In einem Topf mit Wasser bedecken und 10 Minuten kochen, dann herausnehmen. Die Brühe mit Möhren, Zwiebeln, Petersilie, Lauch, Lorbeer und Thymian zum Kochen bringen, die Hitze reduzieren und die Schweinshaxen einlegen. Etwa 1 Stunde kochen, danach herausnehmen und abkühlen lassen. Von der Brühe 2 Suppenkellen abnehmen und beiseite stellen.
Die Knochen auslösen, die Haxen zusammenrollen und eventuell mit Holzstäbchen oder Küchengarn festbinden. Die Rouladen in Mehl und den verquirlten Eiern wälzen.

Olivenöl in einer Pfanne erhitzen und das Fleisch darin rundherum goldbraun braten. Dann in die Greixonera legen. Rosinen, Pinienkerne und die im Mörser zerstoßenen Zutaten für die Picada in der Pfanne schmoren und über das Fleisch geben. Alles mit Salz und Pfeffer würzen. Tomatenpüree mit der beiseite gestellten Brühe verrühren und über das Fleisch gießen. Im Ofen bei 200 °C (Umluft 180 °C; Gas Stufe 4) ca. 15 Minuten überbacken.

Schweinefilet mit Orangen

SOLOMILLO DE PORC AMB TARÓNJA

2 Schweinefilets
Salz, Pfeffer aus der Mühle
4 Orangen
4 EL Olivenöl
Mehl zum Wälzen
1 Glas trockener Sherry
Blättchen von 1 Zweig Thymian
100 ml Bratenfond (aus dem Glas)

Die Schweinefilets in 8 Stücke schneiden und jedes Stück flach klopfen, salzen und pfeffern. Zwei Orangen schälen, die Filets herauslösen und zum Garnieren beiseite legen.
Olivenöl in einer Pfanne erhitzen, die Schweinemedaillons leicht in Mehl wälzen und darin auf beiden Seiten braten. Fleischstücke herausnehmen und warm halten.
Übrige Orangen auspressen. Sherry, Orangensaft und Thymian in eine Pfanne geben, den Bratsatz lösen und die Sauce einige Minuten köcheln lassen. Den Fond unterrühren. Medaillons wieder in die Pfanne legen und alles ein paar Minuten erhitzen.
Medaillons mit den Orangenfilets und der Sauce servieren. Buntes Gemüse dazu reichen.

Käsekuchen aus der Tonform (siehe Rezept S. 238)

Lammbraten mit Kohl

ROSTIT DE XOT AMB COL

1 kg Lammbraten aus der Schulter, ohne Knochen
Salz, Pfeffer aus der Mühle
150 g Schweineschmalz
1 kleiner Wirsing, 2 Tomaten
1 klein gehackte Zwiebel
1 klein gehackte Knoblauchzehe
100 g Pilze, 50 g Pinienkerne
2 EL Rosinen, 1 Bund Kräuter
(Thymian, Oregano, Rosmarin, Salbei, Petersilie)
1 Lorbeerblatt, etwa 1 $^1/_2$ l Brühe
1 kleine Blutwurst
50 g Sobrasada (siehe Seite 57)

Das Fleisch salzen, pfeffern, mit etwas Schweineschmalz bestreichen und im vorgeheizten Backofen bei 200 °C (Umluft 180 °C; Gas Stufe 4) braten. Nach 35 Minuten aus dem Ofen nehmen. Den Wirsing in einzelne Blätter teilen, waschen und in kochendem Salzwasser kurz blanchieren. Herausnehmen, abtropfen lassen und auf der Arbeitsfläche ausbreiten. Lammschulter in ca. 8 Kohlblätter wickeln, mit Küchengarn zusammenbinden und in einen Tontopf legen. Tomaten überbrühen, enthäuten, das Fruchtfleisch klein schneiden. Übriges Schweineschmalz in einem Bräter erhitzen. Zwiebel und Knoblauchzehe darin weich schmoren. Tomaten zufügen und köcheln lassen. Pilze mit einem feuchten Tuch abreiben, klein schneiden und zusammen mit Pinienkernen, Rosinen, Kräutern und Lorbeer zufügen. Diese Mischung zum Lammbraten geben. Mit Brühe aufgießen, bis das Fleisch bedeckt ist. Die Lammschulter zugedeckt bei kleiner Flamme 1 Stunde schmoren. Wenn sie gar ist, aus dem Topf nehmen und in Scheiben schneiden. Mit in Schweineschmalz gebratenen Kartoffeln servieren.

Lammkeule mit Knoblauch und Rosmarin

CUIXA DE XOT AMB ALLS I ROMANI

1 Lammkeule
10 Knoblauchzehen
30 Rosmarinnadeln
Salz, Pfeffer aus der Mühle
Saft von 1 Zitrone
2 Zwiebeln, in Achtel geschnitten
6 EL Olivenöl
200 ml alter, kräftiger Rotwein
100 ml Brühe

Knoblauch schälen und in Stifte schneiden. Mit Hilfe eines Spickmessers die Keule mit Knoblauchstiften und Rosmarinnadeln spicken. Mit Salz und Pfeffer würzen und mit Zitronensaft beträufeln. Restliche Knoblauchstifte und Zwiebelachtel in 3 EL Olivenöl schmoren. Danach in eine feuerfeste Form geben, die Lammkeule darauf legen. Mit dem übrigen Olivenöl beträufeln und im vorgeheizten Backofen bei 200 °C (Umluft 180 °C; Gas Stufe 4) ca. $1^1/_2$ Stunden braten. Nach 45 Minuten den Wein dazugeben und, wenn nötig, mit etwas Brühe aufgießen.
Nach der angegebenen Bratzeit die Keule herausnehmen, den Knochen auslösen und das Fleisch in Scheiben schneiden. Den Knochen zum Gemüse geben, mit zwei Gläsern Brühe oder Wasser aufgießen und 5 Minuten köcheln lassen. Knochen entfernen und die Sauce mit dem Stabmixer pürieren. Mit Salz abschmecken und die Lammscheiben zusammen mit der Sauce, grünen Bohnen und gebratenen Kartoffeln servieren.

Kalbsmedaillons
mit Tomatensauce

MEDALLONS AMB SALSA DE TOMÀTIGA

500 g Kartoffeln
150 ml Olivenöl
2 Auberginen
8 Kalbsmedaillons
Salz, Pfeffer aus der Mühle
2 Knoblauchzehen
500 g reife Tomaten
1 Prise Zucker

Kartoffeln schälen und in Scheiben schneiden. In einer großen Pfanne 5 EL Olivenöl erhitzen und die Kartoffelscheiben darin braten. Anschließend in eine Greixonera geben. Auberginen waschen, in runde Scheiben schneiden. In einer zweiten Pfanne 2 EL Olivenöl erhitzen und die Auberginen darin goldbraun braten, dann zu den Kartoffeln in den Tontopf geben. Kalbsmedaillons leicht flach klopfen und mit Salz und Pfeffer würzen.
Etwas Olivenöl erhitzen, die Kalbsmedaillons darin anbraten und auf die Kartoffeln und Auberginen legen. Knoblauchzehen pellen und hacken. Tomaten waschen, Stielansätze entfernen und die Früchte klein schneiden. Knoblauch und Tomaten im restlichen erhitzten Olivenöl schmoren. Salzen und mit Zucker abschmecken. Die Sauce 10 Minuten köcheln lassen, dann mit einem Stabmixer pürieren. Über die Medaillons ziehen.

Kalbsschnitzel mit Fenchelkraut

ESCALOPS AMB FONOLL

8 Kalbschnitzelchen von der Lende
Salz, Pfeffer aus der Mühle
1 EL Mehl
6 EL Olivenöl
1 fein geschnittene Stange Lauch
100 ml Weißwein
300 ml Schlagsahne
1 EL fein gehacktes Fenchelkraut

Kalbsschnitzel flach klopfen, mit Salz und Pfeffer würzen und in Mehl wenden. Die Hälfte des Olivenöls in einer großen Pfanne erhitzen und die Schnitzel darin auf jeder Seite 2 Minuten braten. Anschließend herausnehmen und warm stellen.

Restliches Olivenöl in der Pfanne erhitzen und den Lauch darin schmoren. Mit Weißwein aufgießen und ein Drittel der Flüssigkeit reduzieren. Sahne und Fenchelkraut einrühren und die Sauce ein paar Minuten köcheln lassen. Kurz vor dem Servieren die Schnitzel wieder in die Pfanne legen. Die Kalbsschnitzel mit der Sauce servieren. Dazu paßt Reis.

Rinderlende nach Binissalem-Art

ESCALOPS DE VEDELLA DE BINISSALEM

3 Zimtstangen
8 Gewürznelken
1 TL Pfeffer aus der Mühle
$^1\!/_2$ TL Muskatnuß
100 g Zucker
1 kg blaue Weintrauben
1 l Rotwein
1 Scheibe Brot
200 g Rinderlende pro Person
Salz, Pfeffer aus der Mühle
Olivenöl zum Braten

Gewürze, Zucker und Weintrauben im Rotwein 30 Minuten bei schwacher Hitze köcheln lassen. Das Brot klein schneiden, zufügen und weiter köcheln. Wenn die Flüssigkeit angedickt ist, mit dem Stabmixer pürieren, anschließend durch ein feines Sieb streichen und beiseite stellen.

Das Fleisch salzen und pfeffern. Olivenöl in einer Pfanne erhitzen und die Rinderlende darin von beiden Seiten braten. Aus der Pfanne nehmen, in Alufolie wickeln und etwas ruhen lassen. Dann in Scheiben schneiden. Etwas von der Sauce auf einer Platte verteilen und die Fleischscheiben darauf anrichten. Restliche Sauce darübergießen. Mit gebratenen Kartoffeln und in Butter geschwenktem Gemüse der Saison servieren.

Rindfleisch-Eintopf

750 g Rindfleisch, in große Würfel geschnitten
Salz, Pfeffer aus der Mühle
2 EL Schweineschmalz
1 Bund Kräuter
(Hierbabuena, Thymian, Oregano, Rosmarin, Petersilie)
1 fein gehackte Zwiebel
1 fein geschnittene Stange Lauch
1 Lorbeerblatt
250 g mallorquinische Wildpilze oder Champignons
2 reife geschälte, klein geschnittene Tomaten
100 ml Rotwein
250 ml Brühe
250 g Möhren
250 g Schalotten
250 g neue Kartoffeln
4 kleine Artischocken, klein geschnitten

Fleisch salzen und pfeffern. Schweineschmalz in einer Pfanne erhitzen und die Fleischwürfel darin anbraten. Kräuter waschen und trockenschütteln, mit Zwiebel, Lauch und Lorbeer dazugeben und schmoren. Pilze waschen, trockentupfen und klein schneiden, zum Fleisch in die Pfanne geben. Tomaten zufügen und 5 Minuten köcheln lassen. Den Rotwein angießen. Mit Brühe oder Wasser aufgießen, bis das Fleisch bedeckt ist und ca. $1^1/_2$ Stunden köcheln lassen.

Möhren und Schalotten schälen, klein schneiden und nach 1 Stunde zum Eintopf geben. Kartoffeln waschen, schälen und 10 Minuten später dazugeben. Zum Schluß die Artischocken unterrühren und nochmals abschmecken.

Mariniertes Kaninchen

Conills escabetxat

1 küchenfertiges Kaninchen, in 8 Teile zerlegt
Salz, Pfeffer aus der Mühle
1 EL Mehl

Für die Marinade:

1 Knoblauchzehe
1 unbehandelte Orange
1 Zweig Rosmarin
1 Zweig Thymian
1 Lorbeerblatt
5 Wacholderbeeren
$^{1}/_{2}$ TL schwarze Pfefferkörner
1 Stück Zimtstange
300 ml Olivenöl

Außerdem:

4 EL Olivenöl zum Braten
2 fein gewürfelte große Zwiebeln
2 Tomaten
1 Knolle Knoblauch
1 Glas Weißwein
150 g Schinkenspeck
4 kleine Artischocken, in Viertel geschnitten
4 Safranfäden
1 Bund Kräuter
(Thymian, Oregano, Salbei, Petersilie)
Salz, Pfeffer

Kaninchen waschen und trockentupfen. Mit Salz und Pfeffer würzen. Für die Marinade die Knoblauchzehe pellen und hacken, die Orange heiß waschen, etwas von der Schale abreiben und den Saft auspressen. Rosmarin und

Thymian waschen und trockenschütteln. Olivenöl mit Knoblauch, Orangensaft und -schale, Rosmarin, Thymian, Lorbeerblatt, Pfefferkörnern, Wacholderbeeren und Zimt verrühren und das Kaninchen darin 24 Stunden einlegen. Kurz vor der Zubereitung aus der Marinade nehmen, abtropfen lassen, mit Küchenpapier trockentupfen und mit Mehl bestäuben. In 3 EL Olivenöl scharf anbraten. Wenn es eine goldbraune Farbe angenommen hat, herausnehmen und in eine Greixonera umfüllen. Den Backofen auf 200 °C (Umluft 180 °C; Gas Stufe 4) vorheizen.

Die Zwiebeln schälen und in dünne Scheiben schneiden. Die Tomaten häuten und fein würfeln. Zwiebelscheiben und Knoblauchknolle im verbliebenen Öl in der Pfanne anbraten. Tomaten unterrühren und mitschmoren. Die Marinade und den Wein zugießen. Einige Minuten köcheln lassen, dann über die Kaninchenteile in der Tonform gießen.

Im restlichen Öl den gewürfelten Speck anbraten und die geputzten Artischockenviertel dazugeben. Safran und die gehackten Kräuter unterrühren. Alles über die Kaninchenteile geben. Etwa 1 Stunde im Ofen garen. Mit Salz und Pfeffer abschmecken, die Knoblauchknolle herausfischen, obenauf setzen und das Kaninchen servieren.

(siehe Foto Seite 199)

Kalbsnieren aus der Form

RONYONS ESTIL CASSOLÀ

400 g Kalbsnieren
1 Tasse warmes Essigwasser
100 ml Olivenöl
400 g gewaschene, gewürfelte Kartoffeln
Salz, Pfeffer aus der Mühle
4 grüne, gewürfelte Paprikaschoten
1 klein gehackte Zwiebel
1 klein gehackte Knoblauchzehe
2 Gläschen Sherry
2 mittelgroße Tomaten, enthäutet und klein geschnitten
300 ml Bratenfond
1 großer EL gehackte Petersilie

Nierchen in kleine Scheiben schneiden und zweimal in Essigwasser spülen. Dann trockentupfen und beiseite stellen. Olivenöl in einer Pfanne erhitzen. Kartoffelwürfel darin gar braten, herausnehmen und in einen Tontopf füllen. Olivenöl erneut erhitzen. Nierchen mit Salz und Pfeffer würzen und in der Pfanne von jeder Seite etwa 3 Minuten braten, dann mit einer Lochkelle herausnehmen und in den Tontopf zu den Kartoffeln geben. Im Backofen bei ca. 75 °C warm halten.

Paprikastücke, Knoblauch und Zwiebel in derselben Pfanne leicht bräunen. Mit Sherry aufgießen und ein Drittel der Flüssigkeit reduzieren. Tomaten unterrühren und alles zu einer Sauce einköcheln lassen. Mit Salz und Pfeffer abschmecken und unter die Nierchen und Kartoffeln im Tontopf mischen. Mit Petersilie bestreuen und servieren.

Pikantes und süßes Gebäck, Desserts und Konfitüren

Gemüsekuchen – *coca de verdura* – ist auf Mallorca mindestens so beliebt wie die Pizza in Italien. Der Boden ist ein knuspriger, salziger Hefeteig. Der Belag besteht meist aus Mangold, Tomaten, Paprika, Zwiebeln und vielen anderen Gemüsesorten. Manchmal wird auch Fisch oder gekochter Schinken darauf gegeben.

Es gibt aber auch süße *cocas* mit Obst, die mit einem luftig-leichten Hefeteig hergestellt werden.

Die Mallorquiner sind großartige Bäcker und fabrizieren die köstlichsten Cremes für Kuchen- und Tortenfüllungen. Klassiker des süßen Gebäcks sind *ensaimada* (Hefeschnecken) und *gató* (Kuchen). Die berühmten Hefeschnecken schmecken am besten warm, direkt vom Blech und mit reichlich Puderzucker bestreut. *Gató de ametlla* soll aus Valldemossa stammen und dort am besten schmecken, was aber bezweifelt werden darf, denn Mandeln gibt es auf der ganzen Insel, und der köstliche Mandelkuchen wird auch überall gebacken.

Schon in alten Zeiten, lange bevor der Kühlschrank erfunden wurde, war Fruchteis ein beliebtes Dessert. Die Mallorquiner hatten Eishäuser, in denen sie den Schnee von den Bergen sammelten, in Löchern feststampften und mit Laub und Zweigen bedeckten. Mit pürierten Früchten vermischt wurde er so zum Sorbet …

Gelierzucker ist auf Mallorca unbekannt, deshalb werden Konfitüren noch immer wie zu Großmutters Zeiten eingekocht. Häufig werden sie in Intervallen gekocht, ähneln eher einem Mus, bekommen so aber einen besonders aromatischen Geschmack.

Gemüsekuchen

Cocas

Für den Teig:
500–600 g Weizenmehl (je nach Mehlsorte und Luftfeuchtigkeit)
20 g Hefe
1 Prise Zucker
etwa 100 ml warmes Wasser
75 g Schweineschmalz oder Olivenöl
1 Eigelb oder 1 kleines Ei
Salz

Zwei Drittel des Mehls in eine Schüssel geben, eine Vertiefung eindrücken. Die Hefe mit dem Zucker in etwas lauwarmem Wasser auflösen und in die Vertiefung gießen. Mit etwas Mehl verrühren und 20 Minuten an einem warmen Ort gehen lassen.

Das Schmalz erwärmen, mit dem Ei und dem warmen Wasser vermischen und mit dem restlichen Mehl in die Schüssel geben. Alles zu einem elastischen Teig verkneten und nochmals ca. 30 Minuten gehen lassen.

Den Teig auf einem Backblech etwa $^1/_2$ cm dick ausrollen. Mit Olivenöl bestreichen und mit etwas Paprikapulver bestreuen.

Für den Belag gibt es viele Variationen:

Mit Zwiebeln, Tomaten und Paprika

Coca amb trampó

3 Zwiebeln, 2 Tomaten und *2 grüne Paprikaschoten* in Würfel schneiden. *Knoblauchwürfel, etwas gehackte Petersilie, Olivenöl, Salz, Pfeffer* und eventuell etwas fein geschnittenen *rohen Schinken* auf dem Teigboden verteilen.

Oder:

Mit Spinat und Mangold

Coca amb espinacas i bledes

Spinat, Mangold, kleine weiße Zwiebeln, Knoblauch, küchenfertige kleine Sardinen und *Tomatenscheiben* auf dem Teigboden verteilen. Mit *Petersilie* bestreuen und mit *Salz, Pfeffer* und *Paprikapulver* würzen. *Olivenöl* darüber träufeln.

Oder:

Mit Paprikaschoten, Knoblauch und Petersilie

Coca amb pebres

Gebratene *rote Paprikaschoten* enthäuten und klein schneiden. Mit gehacktem *Knoblauch* und gehackter *Petersilie* auf dem Teig verteilen. *Salzen* und *pfeffern*, mit *Olivenöl* beträufeln.

Im vorgeheizten Backofen bei 225 °C (Umluft 205 °C; Gas Stufe 5) ca. 30 Minuten backen.

Kleine Fischpasteten

COCARROIS DE PEIX – COCARROIS D'ANFÓS

Ergibt etwa 12 Pastetchen

Für den Teig:
1 kg Mehl
20 g Salz
1 Tasse Olivenöl
1 Tasse lauwarmes Wasser
125 g Schweineschmalz
Saft von 1 Orange

Für die Füllung:
1 klein geschnittene Zwiebel
1 EL gehackte Petersilie
2 gehackte Knoblauchzehen
2 EL Rosinen
3 EL Pinienkerne
Olivenöl
ca. 750 g Zackenbarsch oder ein anderer Mittelmeerfisch,
in kleinen Stückchen
Salz, Pfeffer aus der Mühle
Paprikapulver

Außerdem:
einige Blätter frische Minze
1 verquirltes Eiweiß

Mehl auf die Arbeitsplatte häufen und in die Mitte eine Mulde drücken. Salz, Olivenöl, lauwarmes Wasser, das erwärmte Schweineschmalz und Orangensaft hineingeben und alles zu einem glatten Teig verkneten. Den Teig zu einer Rolle formen, in 12 Stücke teilen, und diese auf einer bemehlten Arbeitsfläche kreisförmig ausrollen (ca. 18 cm Ø). Alle Zutaten für die Füllung vermischen und auf die Teigkreise verteilen. Jeweils mit einem Blättchen Minze belegen und mit Salz und Paprikapulver würzen. Den Rand mit etwas Eiweiß bestreichen und die Fladen halbmondförmig zuklappen. Die Ränder mit einer Gabel zusammendrücken und im vorgeheizten Ofen bei 180 °C (Umluft 160 °C; Gas Stufe 3) ca. 30 Minuten backen.

Kleine Zwiebelpasteten

COCARROIS AMB CEBAS

Ergibt etwa 8 Pastetchen

Für den Teig:

1 Tasse Olivenöl
1 Tasse Wasser
100 g Schweineschmalz
1 Prise Salz
ca. 500 g Mehl

Für die Füllung:

1 kg Zwiebeln
2 Knoblauchzehen
1 EL gehackte Petersilie
Salz, Pfeffer
1 Prise Zimtpulver
Paprikapulver
4 EL Olivenöl
50 g Rosinen
Öl für das Blech

Für den Teig Olivenöl, Wasser, Schweineschmalz und eine Prise Salz in einer Schüssel vermischen. Nach und nach soviel Mehl dazugeben, wie der Teig aufnimmt. Es soll ein glatter, elastischer Teig enstehen. Eine halbe Stunde ruhen lassen.

Für die Füllung Zwiebeln und Knoblauch pellen. Die Zwiebeln in feine Streifen schneiden, den Knoblauch fein würfeln. Zwiebeln, Knoblauch und Petersilie mischen. Mit Salz, Pfeffer, Zimt und Paprikapulver würzen und 1 Stunde in einem Sieb ruhen lassen, damit das durch das Salz entstandene Wasser abtropfen kann. Mit Olivenöl mischen.

Den Teig zu 8 Kugeln formen und auf einer bemehlten Arbeitsfläche in $^1/_2$ cm dicke Kreise ausrollen. Füllung und Rosinen gleichmäßig darauf verteilen und die Kreise halbmondförmig zusammenlegen. Die Ränder mit einer Gabel zusammendrücken. Im vorgeheizten Ofen bei 180 °C (Umluft 160 °C; Gas Stufe 3) auf einem leicht eingeölten Backblech bei mittlerer Hitze goldgelb backen.

Sant-Antoni-Pastete

COCA DE SANT ANTONI

Für die Füllung:

500 g Aal
Salz, Pfeffer
Paprikapulver
1 Prise Cayennepfeffer
8 Knoblauchzehen
1 Bund Petersilie, gehackt
1 Bund Mangold
1 Bund Spinat
10 junge kleine weiße Zwiebeln
100 g tiefgekühlte Erbsen
etwas Olivenöl

Für den Teig:

500 g Mehl
Salz
200 g Schweineschmalz
6 EL Olivenöl
Olivenöl zum Bestreichen

Aal säubern und in Stückchen schneiden. In eine Schüssel legen und mit Salz, Pfeffer, Paprikapulver und wenig Cayennepfeffer würzen. Knoblauch pellen, hacken. Mit der Petersilie unter den Aal mischen und 12 Stunden ziehen lassen. Mangold und Spinat putzen, waschen und abtropfen lassen. Alles klein schneiden. Etwas salzen und leicht ausdrücken. Zwiebeln pellen und klein hacken. Mangold, Spinat, Zwiebeln und Erbsen mischen. Mit Salz und Paprikapulver würzen und mit Olivenöl anmachen. Für den Teig die Zutaten mit ca. 50 ml Wasser (wie bei Rezept *Cocarrois*, siehe Seite 220) zu einem geschmeidigen Teig verkneten, ohne diesen zu sehr zu bearbeiten. Den

Teig vor dem Ausrollen einige Zeit ruhen lassen. Dann auf einer bemehlten Arbeitsfläche länglich ausrollen und auf ein Backblech legen. Einen Teil des Gemüses auf einer Teighälfte verteilen, mit Aal belegen und restliches Gemüse darauf geben. Andere Teighälfte darüber klappen und an den Seiten mit etwas Wasser oder Olivenöl bestreichen. Den Teig mit den Fingern oder einer Gabel zusammendrücken und verschließen. Im vorgeheizten Backofen bei 180 °C (Umluft 160 °C; Gas Stufe 3) ca. 50 Minuten backen.

Fleischpastete

EMPANADA

Für den Teig:

400 g Mehl
200 g Schweineschmalz
1 TL Salz
2 Eigelb

Für die Füllung:

500 g mageres Lammfleisch, grob zerkleinert
250 g Schweinebauch, beides durch den Fleischwolf gedreht
100 g Sobrasada in kleinen Stückchen
2 Eier
2 fein gehackte Knoblauchzehen
2 EL fein gehackte Zwiebeln
Pfeffer aus der Mühle
1 Prise geriebene Muskatnuß
1 Prise Nelkenpulver
$^1/_2$ TL getrockneter Thymian
1 Ei

Für den Teig das Mehl auf die Arbeitsplatte häufen. Eine Mulde formen und die übrigen Zutaten hineingeben. Alles von der Mitte aus verkneten, bis ein geschmeidiger Teig entstanden ist. Den Teig 1 Stunde ruhen lassen. Die Hälfte des Teiges auf einer bemehlten Arbeitsfläche zu einem etwa $^1/_2$ cm dicken Kreis in Größe einer Backform (26 cm Ø) ausrollen. Die Form damit auskleiden. Dabei einen Rand hochziehen.
Für die Füllung alle Zutaten gut miteinander vermischen. Die mit Teig ausgelegte Form damit füllen. Den restlichen Teig in Größe der Form ausrollen und darauflegen. Die Ränder mit den Fingern zusammendrücken. Das ver-

quirlte Ei darüber verstreichen. In die Mitte ein run-
des Loch von ca. 1 cm Ø ausstechen, damit die Pastete
atmen kann. Im vorgeheizten Backofen bei 180 °C (Umluft
160 °C; Gas Stufe 3) ca. 60 Minuten backen. Anschließend
abkühlen lassen. In das Loch flüssige Gelatine füllen und
zum Erstarren in den Kühlschrank stellen.

Bauernbrot

Pa país

Das ungesalzene Sauerteigbrot ist sehr wahrscheinlich jüdischen Ursprungs. Die Juden bildeten einen großen Anteil an der mallorquinischen Bevölkerung und beeinflußten daher auch die Küche beträchtlich. Bauernbrot wird zu jeder Mahlzeit gereicht.

Für 2 Laibe:

40 g Hefe, 2 TL Zucker
ca. 800 ml Wasser, 1 kg Weizenvollkornmehl
150 g Sauerteig (vom Bäcker)
1 $\frac{1}{2}$ EL Schweineschmalz

Die Hefe mit dem Zucker in $\frac{1}{2}$ Tasse lauwarmem Wasser auflösen. Etwa zwei Drittel des Mehls in eine Schüssel geben und eine Mulde eindrücken. Die aufgelöste Hefe darin mit ein wenig Mehl verrühren, zudecken und an einem warmen Ort ca. 30 Minuten gehen lassen. Danach etwas verkneten und auf einer bemehlte Arbeitsfläche mit dem Sauerteig, 1 EL Schweineschmalz, im warmen Wasser aufgelöst und mit dem restlichen Mehl nach und nach verarbeiten. Zu einem glatten, geschmeidigen Teig kneten. Mit einem Tuch bedecken und nochmals 30 Minuten gehen lassen. Das Blech mit dem restlichen Schweineschmalz einfetten. Den Teig erneut durchkneten, zwei runde Laibe daraus formen und auf das Blech setzen. Mit Mehl bestäuben und nochmals gehen lassen, bis das Teigvolumen sich verdoppelt hat.
Brote im vorgeheizten Backofen bei 220 °C (Umluft 200 °C; Gas Stufe 5) ca. 55 Minuten backen. Abkühlen lassen und in ein Tuch eingewickelt an einem kühlen Ort lagern.

Teigtaschen mit süßer Füllung

RUBIOLS

Für ca. 25 Stück:
150 g Schweineschmalz
2 Eigelb, 150 g Puderzucker, 50 ml Olivenöl
$^1/_2$ Glas Milch, 600 g Mehl
1 Prise Zimtpulver
abgeriebene Schale von $^1/_2$ unbehandelten Zitrone
Puderzucker zum Bestreuen

Schweineschmalz, Eigelb, Puderzucker, Olivenöl und Milch in eine Schüssel geben und gut verrühren, bis eine flüssige und gleichmäßige Masse entstanden ist. Mehl, Zimt und Zitronenschale so untermischen, daß sich keine Klümpchen bilden. Den Teig $^1/_2$ Stunde ruhen lassen.

Auf mit Mehl bestreuter Arbeitsfläche ausrollen und Kreise von 8 bis 10 cm Ø ausstechen. 1 EL der gewünschten Füllung in die Mitte jedes Kreises geben. Teig halbmondförmig zusammenklappen und die Ränder mit Hilfe einer Gabel zusammendrücken. Im vorgeheizten Backofen bei 180 °C (Umluft 160 °C; Gas Stufe 3) ca. 25 Minuten backen. Aus dem Ofen nehmen und sofort dick mit Puderzucker bestreuen.

Für die Fülle können Sie eine beliebige Konfitüre (siehe Seite 245 ff.) verwenden oder eine Frischkäsefüllung wie auf Seite 232 herstellen.

Eine weitere Möglichkeit wäre eine Füllung aus *500 g Ricotta*, der dem original mallorquinischen Quark *Brossat* am nächsten kommt oder statt dessen gut abgetropfter *Schichtkäse oder Sahnequark, 150 g Zucker und $^1/_2$ TL Zimt*. Die Zutaten glattrühren und evtl. noch mit etwas *abgeriebener Zitronenschale* abschmecken.

Osterplätzchen

Für 65–70 Plätzchen:
500 g Weizenmehl
150 g Puderzucker
abgeriebene Schale von $^1/_2$ Zitrone
100 ml Olivenöl
Saft von 1 Orange
2 Eigelb
1 Prise Zimt
100 g Schweineschmalz
Puderzucker zum Bestreuen

Mehl auf eine Arbeitsplatte häufen, eine Mulde eindrücken und alle anderen Zutaten hineingeben. Alles mit dem Mehl vermischen, dabei nicht zu sehr kneten. Den Teig $^1/_2$ Stunde ruhen lassen, dann auf einer bemehlten Arbeitsfläche ausrollen. *Crespells* (Sterne, Monde oder Kreise) ausstechen und auf ein gefettetes Backblech legen. Im vorgeheizten Backofen bei 180 °C (Umluft 160 °C; Gas Stufe 3) ca. 15 Minuten backen. Sobald die Plätzchen goldbraun sind, aus dem Ofen nehmen und sofort mit Puderzucker bestreuen.

Teigtaschen mit Melonenkonfitüre

FORMATJADES

2 Eigelb
50 g Zucker
125 g Schweineschmalz
75 ml Wasser
50 ml Olivenöl
ca. 600 g Mehl
Melonenkonfitüre (siehe Seite 248)
1 Eiweiß

Die ersten fünf Zutaten in einer Schüssel vermischen und das Mehl dazugeben. Nicht zu stark verkneten, damit der Teig nicht gerinnt. $^1/_2$ Stunde ruhen lassen. Den Teig in Kugeln von je 50 g teilen. Jede Kugel auf der bemehlten Arbeitsfläche zu einem Kreis ausrollen. Auf die Mitte jedes Kreises 1 EL Melonenkonfitüre geben. Mit je einem anderen Teigkreis bedecken und die Ränder mit den Fingern sternförmig zusammendrücken. Formatjades mit Eiweiß bestreichen und im vorgeheizten Backofen bei 170 °C (Umluft 150 °C; Gas Stufe $2^1/_2$) 25 Minuten backen.

Käsekuchen

GATO DE FORMATGE

Für den Teig:
300 g Mehl, 150 g weiche Butter, 1 Ei
2 EL Backpulver, 1 Prise Zimt
abgeriebene Zitronenschale
80 g Zucker, 2 EL Anis

Für die Füllung:
400 g Frischkäse, 180 g Zucker
4 Eigelb
abgeriebene Zitronenschale
etwas Vanillezucker
1 schwach gehäufter EL Maismehl
4 Eiweiß
3 EL Zucker für den Eischnee
Puderzucker zum Bestäuben

Für den Teig Mehl auf eine Arbeitsplatte häufen und in die Mitte eine Vertiefung drücken. Alle weiteren Zutaten hineingeben. Von der Mitte aus nach und nach alle Zutaten mit dem Mehl verkneten. Den Teig $^1/_2$ Stunde ruhen lassen. Dann auf der mit Mehl bestreuten Arbeitsfläche ausrollen und eine mit Butter eingefettete, leicht mit Zucker bestreute Backform (26 cm Ø) damit auskleiden. Dabei einen Rand hochziehen.

Für die Füllung den Frischkäse mit einer Gabel zerdrücken und mit Zucker, Eigelb, Zitronenschale, Vanillezucker und Maismehl vermischen. Das Eiweiß zu Schnee schlagen und ganz zum Schluß den Zucker einstreuen. Den Eischnee vorsichtig unter die Frischkäsemasse heben und alles auf den Teig in der Backform geben. Bei 170 °C (Umluft 150 °C; Gas Stufe $2^1/_2$) backen und mit Puderzucker bestäuben.

Herzoginnenkuchen

Duquesas

Für den Teig:

500 g Mehl
200 g Zucker
100 g Schweineschmalz
100 g Butter
100 ml Wasser
abgeriebene Zitronenschale
etwas Zimtpulver

Für die Füllung:

250 g »Requeson« Frischkäse, ersatzweise Ricotta
oder gut abgetropfter Schichtkäse
75 g Zucker
abgeriebene Zitronenschale
etwas Zimtpulver
4 Eier

Alle Zutaten für den Teig verkneten. Den Teig auf der mit Mehl bestreuten Arbeitsfläche ausrollen. Gefettete »Duquesas«-Förmchen mit Teig auskleiden und auf ein Backblech stellen.

Für die Füllung Frischkäse, Zucker, Zitronenschale und Zimt in einer hohen Schüssel verrühren. Nach und nach die Eier unterrühren. »Duquesas« füllen und im vorgeheizten Backofen bei 180 °C (Umluft 160 °C; Gas Stufe 3) backen.

Aprikosenkuchen C'an Lloveta

COCA D'ALBERCOCS DE C'AN LLOVETA

$^1/_4$ l lauwarme Milch
30 g frische Hefe
3 Eier, 4 große EL Zucker
800 g Mehl
abgeriebene Zitronenschale
Zimtpulver
100 g Schweineschmalz
Olivenöl für das Blech
ca. 1 kg Aprikosenhälften
Melonenkonfitüre (siehe Seite 248)
Aprikosenkonfitüre (siehe Seite 246)
Zucker und Zimt zum Bestreuen

Lauwarme Milch und Hefe in einer Schüssel vermischen, um die Hefe aufzulösen.

Eier und Zucker dazurühren. Mehl, Zitronenschale und Zimt dazugeben und alles gut verkneten. Teig in drei Portionen teilen, wieder zusammenfügen und verkneten. Mit einem Tuch abgedeckt ruhen lassen. Anschließend wieder in Stücke reißen, erneut zusammenfügen und durchkneten. In einer Schüssel mit Schweineschmalz verkneten, dafür die Hände mit etwas Olivenöl einreiben. Den Teig $^1/_2$ Stunde gehen lassen.

Backblech mit Olivenöl bestreichen und den Teig nicht zu dick darauf verteilen. Mit einem Tuch abgedeckt an einem warmen Ort ruhen lassen. Wenn sich das Teigvolumen etwa verdoppelt hat, die Aprikosenhälften mit der Öffnung nach oben mit etwas Abstand voneinander daraufegen. Mit etwas Melonen- und Aprikosenkonfitüre bestreichen, mit Zucker und einer Prise Zimt bestreuen und im vorgeheizten Ofen bei 180 °C (Umluft 160 °C; Gas Stufe 3) backen.

Kleine Biskuitkuchen

8 Eier
2 Eigelb
250 g Puderzucker
80 g Stärkemehl
Schweineschmalz und Mehl für die Förmchen
Puderzucker zum Bestreuen

Eier trennen und alle Eigelbe in einer Schüssel mit dem Puderzucker schaumig schlagen. Eiweiße in einer zweiten Schüssel zu steifem Schnee schlagen und vorsichtig mit dem durchgesiebten Stärkemehl unter die Eigelbmasse heben.

Papierförmchen mit etwas Schweineschmalz bestreichen, mit ein wenig Mehl ausstreuen und zu zwei Dritteln mit dem Teig füllen. Dann auf ein Backblech setzen und in den vorgeheizten Backofen schieben.

Die Quartos bei 180 °C (Umluft 160 °C; Gas Stufe 3) ca. 40 Minuten backen. Danach zusammen mit dem Backblech herausnehmen und dieses leicht auf den Boden oder Tisch klopfen, damit die Küchlein nicht schrumpfen. *Quartos* aus den Förmchen nehmen und mit etwas Puderzucker bestreuen.

Biskuitrolle

BRAÇ DE GITANO

6 Eier
6 EL Kartoffelmehl
6 EL Zucker
$\frac{1}{2}$ l Schlagsahne
1 Päckchen Vanillezucker
1 EL Zucker
2 EL Orangenlikör

Eier trennen und Eigelb mit dem Zucker schaumig schlagen. Das Kartoffelmehl unterrühren. Eiweiß zu steifem Schnee schlagen, vorsichtig mit der Eiercreme vermischen. Backblech mit Backpapier auslegen und Teig darauf verteilen. Bei 200 °C (Umluft 180 °C; Gas Stufe 4) ca. 10 Minuten backen.

Inzwischen für die Füllung die Sahne mit dem Vanillezucker und dem Zucker steif schlagen.

Den Biskuit auf ein feuchtes Tuch stürzen und das Backpapier vorsichtig lösen. Den Biskuit mit ein wenig Orangenlikör beträufeln und mit Hilfe des Tuchs aufrollen.

Die Sahne auf dem erkalteten, wieder entrollten Biskuit verteilen und mit Hilfe des Tuchs erneut zusammenrollen. Die Ränder glatt abschneiden. Auf eine Platte legen und mit Puderzucker bestreuen.

Mandelkuchen

GATO DE AMETLLA

Für eine Springform von 26 cm Ø:
8 Eier
1 Eigelb
400 g Zucker
300 g gemahlene süße Mandeln
abgeriebene Schale von 1 unbehandelten Zitrone oder Orange
ausgeschabtes Mark von 1 Vanilleschote
1 TL Zimtpulver
1 EL Semmelbrösel

Außerdem:
Schweineschmalz und Mehl für die Form

Die Eier trennen und die Eigelbe (insgesamt 9) mit dem Zucker zu einer cremigen Masse verrühren. Mandeln, Zitronen- oder Orangenschale, Vanillemark und Zimt unter die Eigelbcreme mischen. Eiweiß zu steifem Schnee schlagen und abwechselnd mit den Semmelbröseln vorsichtig unter den Teig ziehen.

Die Kuchenform mit Schweineschmalz ausstreichen, mit Mehl bestreuen und den Teig hineinfüllen. Im vorgeheizten Backofen bei 175 °C (Umluft 155 °C; Gas Stufe 3) ca. 50 Minuten backen. Den Kuchen aus der Form nehmen und mit Puderzucker bestreuen.

Käsekuchen aus der Tonform

GREIXONERA DE BROSSAT

600 g Sahnequark
225 g Puderzucker
ausgekratztes Mark von 1 Vanilleschote
abgeriebene Schale von 1 unbehandelten Zitrone
$\frac{1}{4}$ TL Zimt
120 ml Milch
6 Eier
Fett für die Form
Puderzucker zum Bestreuen

Den Quark in ein Küchentuch geben und über Nacht abtropfen lassen. Puderzucker, Vanillemark, Zitronenschale, Zimt und Milch kräftig verrühren, bis eine cremige Masse entsteht. Dann die Eier nach und nach unterrühren.
Eine Greixonera mit Fett oder Öl ausstreichen und die Masse hineingießen. Im vorgeheizten Ofen bei 175 °C (Umluft 155 °C; Gas Stufe 3) ca. 1 $\frac{1}{4}$ Stunden backen. Vor dem Servieren mit Puderzucker bestreuen.

(siehe Foto Seite 207)

Hefeschnecken

ENSAIMADAS

Für 12 Stück:
600 g Mehl, 40 g Hefe, $^1/_4$ l lauwarmes Wasser
1 Prise Zucker, 2 Eier, 100 g Puderzucker
200 g Schweineschmalz
Mehl zum Ausrollen und für das Blech
Wasser zum Bestreichen
Puderzucker zum Bestäuben

500 Gramm Mehl in eine Schüssel sieben. In die Mitte eine Mulde drücken und die Hefe darin mit 2 EL Wasser und dem Zucker auflösen. Die Schüssel zugedeckt an einen warmen Ort stellen und den Vorteig 15 bis 20 Minuten gehen lassen. Die Eier mit dem restlichen Wasser verrühren, Puderzucker und 100 Gramm Schmalz in die Schüssel geben und alles mit Mehl und Vorteig gut vermischen. Den Teig mit einem Holzlöffel so lange schlagen, bis er Blasen wirft und sich weich und locker anfühlt. Nochmals zugedeckt an einem warmen Ort 20 bis 30 Minuten gehen lassen. Das restliche Schmalz auslassen und etwas abkühlen lassen. Den Teig noch einmal gut durchkneten und dabei das restliche Mehl einarbeiten. Auf der mit Mehl bestreuten Arbeitsfläche aus dem Teig eine Rolle formen und diese in 12 gleich große Stücke schneiden. Jedes Stück zu einer ca. 25 cm langen Rolle formen und mit dem flüssigen Schmalz bestreichen. Den Backofen auf 200 °C (Umluft 180 °C; Gas Stufe 3) vorheizen.
Die Teigrollen zu Schnecken drehen und auf ein eingefettetes Backblech legen. Erneut 20 Minuten gehen lassen, mit Wasser bestreichen und auf der mittleren Schiene des Backofens 20 bis 30 Minuten backen. Die *ensaimadas* dick mit Puderzucker bestreuen und noch warm servieren.

Mandelkugeln mit Pinienkernen

EMPINONADOS

400 g feiner Zucker
3–4 Eier
500 g geschälte, gemahlene Mandeln
abgeriebene Schale von 1 Zitrone
1 Prise Zimt
200 g Pinienkerne
1 Eigelb zum Bestreichen
Öl für das Blech

Den Zucker und 3 Eier verrühren, Zitronenschale, Zimt und die gemahlenen Mandeln zufügen und so lange kneten, bis eine gleichmäßige, feste Masse entsteht. Wenn die Masse zu krümelig ist, eventuell noch 1 Eigelb oder 1 ganzes Ei zufügen und nochmals gut durchkneten.

Etwa 50 gleich große Kugeln formen, mit Eigelb bestreichen und in den Pinienkernen wälzen. Im vorgeheizten Backofen bei 240 °C (Umluft 220 °C; Gas Stufe 6) ca. 10 Minuten backen. Die Kugeln sollen innen noch feucht sein.

Desserts

Geeiste Mandelcreme

CREMA D'AMETLLA GELADA

200 g geschälte Mandeln
9 ganz frische Eigelb
150 g Puderzucker
2 Päckchen Bourbon-Vanillezucker
gut 1 l Milch
1 Eiweiß
1 kleine Flasche Orangensauce (Fertigprodukt)

Die Mandeln unter ständigem Rühren in einer Pfanne ohne Fett goldgelb rösten und abkühlen lassen. Dann die Mandeln sehr fein mahlen.

Eigelb, Zucker und Vanillezucker in einer großen Kasserolle glattrühren. Nach und nach 1 l Milch unterrühren. Erst dann auf den Herd setzen und langsam erhitzen, dabei ständig mit einem Holzlöffel rühren, und zwar immer in die gleiche Richtung. Alles eindicken lassen, ohne die Masse aufzukochen, da das Eigelb sonst ausflockt. Wird die Masse zu dick, noch etwas Milch unterrühren.

Die Eigelb-Zucker-Mischung vom Herd nehmen und die Mandeln einrühren, dann abkühlen lassen. In eine Plastikschale füllen und im Eisfach 2 Stunden halbfest gefrieren. Während dieser Zeit gelegentlich durchrühren. Vor dem Servieren das Eiweiß zu schnittfestem Schnee schlagen und unter die Creme ziehen. Mit der Orangensauce servieren.

(siehe Foto Seite 243)

Zimt-Eier-Creme

NATILLA

$^{1}/_{2}$ l Milch
2 Zimtstangen
4 Eigelb
2 Eier
130 g Zucker
$^{1}/_{2}$–1 TL Zimt

Die Milch mit den 2 Zimtstangen zum Kochen bringen, den Topf vom Herd nehmen und ca. 15 Minuten ruhen lassen.

Die Eigelbe mit 80 g Zucker dick schaumig schlagen und in ein heißes Wasserbad stellen. Nach und nach die Milch unterrühren, bis es eine dickflüssige Creme ist.

Restlichen Zucker mit dem Zimt vermischen. Die Creme in 4 Tonschälchen füllen, mit dem Zimtzucker bestreuen und kurz unter dem Grill karamelisieren.

Geeiste Mandelcreme (siehe Rezept S. 241)

Orangeneis

SORBET DE TARONGES

4 große, dickschalige, unbehandelte Orangen
Saft von $\frac{1}{4}$ Zitrone
100 g feiner Zucker
3 EL weißer Rum

Von den Orangen die Deckel abschneiden und die Böden gerade schneiden, so daß die Orangen stehen bleiben. Die Früchte vorsichtig aushöhlen und die leeren Orangenhüllen mit den Deckeln im Tiefkühlfach gefrieren lassen.
Das Fruchtfleisch im Mixer oder mit dem Mixstab fein pürieren. Den Zucker in einem Topf mit 50 ml Wasser bedecken und unter Rühren so lange kochen, bis ein dicklicher Sirup entsteht. Das dauert etwa 20 Minuten. Anschließend Orangenpüree, Zitronensaft, 75 ml Wasser und den Rum einrühren und alles noch 5 Minuten bei schwacher Hitze durchziehen, dann abkühlen lassen.
Die Eismasse in eine flache Schale gießen und unter gelegentlichem Rühren im Tiefkühlfach gefrieren lassen; das dauert etwa 4 Stunden. Anschließend das Eis in die vorbereiteten Orangen füllen, den Deckel aufsetzen und servieren.

(siehe Foto Seite 247)

Konfitüren

Feigenkonfitüre

Melmelada de figues

Für 5–6 Gläser:
2 kg unbeschädigte frische Feigen
1 Vanilleschote
900 g Zucker
Schale von 1 unbehandelten Zitrone

Feigen vierteln und schälen. Vanilleschote, Zucker, $1/2$ Liter Wasser und die Zitronenschale in einem Topf zum Kochen bringen. Beim Aufkochen die Feigen dazugeben und ca. 2 Stunden köcheln lassen. Während dieser Zeit ab und zu mit einem Holzkochlöffel umrühren. Topf vom Herd nehmen und die Flüssigkeit abkühlen lassen. Die Konfitüre in vorbereitete Gläser füllen. Die Gläser verschließen, mit einer Serviette oder Küchentuch umwickeln und in einen großen Topf stellen.
Den Topf mit Wasser füllen und zum Kochen bringen. Vom ersten Aufkochen an 25 Minuten im kochenden Wasser belassen. Herd ausschalten und den Topf beiseite stellen. Gläser im Wasser abkühlen lassen. Dann herausnehmen, abtrocknen und mit Etiketten versehen.

Aprikosenkonfitüre

MELMELADA DE ALBARICOQUES

Für 8–9 Gläser:
3 kg Aprikosen
2 kg Zucker
Schale von 1 unbehandelten Zitrone

Aprikosen halbieren, entsteinen und zusammen mit Zucker und der Zitronenschale in einen feuerfesten Tontopf geben. Eine Nacht ruhen lassen. Am nächsten Tag ca. $3^1/_2$ Stunden kochen, und zwar in Intervallen von je 30 Minuten. Dazwischen immer wieder abkühlen lassen. Ab und zu mit dem Holzlöffel umrühren. Wenn die Konfitüre gekocht ist, Topf vom Herd nehmen. Die Marmelade abkühlen lassen und in vorbereitete Gläser füllen. Diese verschließen, jeweils mit einem Küchentuch umwickeln und in einen großen Kochtopf stellen. Anschließend mit Wasser auffüllen. Das Wasser zum Kochen bringen und 25 Minuten kochen. Marmelade im Wasser abkühlen lassen. Gläser herausnehmen und mit Etiketten versehen.

Orangeneis (siehe Rezept S. 244)

Kürbiskonfitüre/ Melonenkonfitüre

CABELL D'ANGEL

Für ca. 8 Gläser à 250 g:
2 kg reifer Gartenkürbis oder Melonen
ca. 1,2 kg Zucker
Saft und Schale von 2 unbehandelten Orangen

Kürbis oder Melonen halbieren, entkernen, das Fruchtfleisch herauslösen und in Stücke schneiden oder raspeln. Die Fruchtmasse abwiegen und mit der gleichen Menge Zucker, dem Orangensaft und der Orangenschale in einem großen Topf vermengen. Über Nacht stehen lassen. Am nächsten Tag zum Kochen bringen und bei geringer Hitze unter ständigem Rühren 45 Minuten köcheln lassen. Die Orangenschale entfernen und die dickflüssige Konfitüre in vorbereitete Twist-off-Gläser füllen. Sofort verschließen und auf den Kopf stellen, bis die Konfitüre abgekühlt ist.

Orangenmarmelade

MELMELADA DE TARONGES

Für 6–7 Gläser:
2 kg Orangen
2 kg Zucker

Die Orangen ohne die weiße Haut ganz dünn schälen und die Zesten aufbewahren. Die Orangenfilets auslösen, die Kerne entfernen und die Filets mit dem Zucker zerstampfen. Bis zur Verwendung ruhen lassen. Die Schalen in sehr dünne Streifchen schneiden und über Nacht wässern. Am nächsten Tag in frischem Wasser aufkochen, das Wasser abgießen. Mit der Orangen-Zucker-Mischung zum Kochen bringen, ca. 30 Minuten kochen, dabei häufig umrühren. Abkühlen lassen und nochmals aufkochen. Wieder ca. 30 Minuten kochen, dabei rühren. Die Marmelade abkühlen lassen und in vorbereitete Gläser füllen. Diese verschließen, jeweils mit einem Küchentuch umwickeln und in einen großen Kochtopf stellen. Mit Wasser auffüllen. Das Wasser zum Kochen bringen und ca. 25 Minuten kochen. Marmelade im Wasser abkühlen lassen. Die Gläser herausnehmen und mit Etiketten versehen.

Quittenkonfitüre

MEMBRILLA

Für 4–5 Gläser:
1 $\frac{1}{2}$ kg Quitten
700 g Zucker
Schale von 1 unbehandelten Zitrone

Quitten waschen, schälen und vierteln. Zugedeckt in Wasser kochen, bis sie weich sind, dabei den Topf nicht öffnen. Abtropfen lassen und die Früchte durch ein feines Sieb streichen. Quittenmus in einen Topf geben, Zucker und Zitronenschale zufügen und auf kleiner Flamme 15 Minuten köcheln. Am nächsten Tag erneut aufkochen und $\frac{1}{2}$ Stunde köcheln lassen. In vorbereitete Gläser füllen, diese verschließen und jeweils mit einem Küchentuch umwickeln. In einen großen Kochtopf stellen, mit Wasser auffüllen. Das Wasser erhitzen und 25 Minuten kochen. Marmelade im Wasser abkühlen lassen. Gläser herausnehmen und mit Etiketten versehen.

Hausgemachter Kräuterlikör

HIERBAS SECA

Für 2 Flaschen mit je $^1/_2$ l Inhalt:

1 l mallorquinischer Anislikör
1 Streifen Zitronenschale
2 Blätter Rucola
I Zweig Fenchelkraut
4 Kamillenblüten, 4 Minzblätter
2 Zweigspitzen Majoran
1 Zweigspitze Wacholder
4 Wacholderbeeren
2 Blätter vom Zitronenbaum
1 Blatt Salbei
3 geröstete Kaffeebohnen
3 Pfefferkörner
1 EL Pinienkerne oder 3–4 grüne Piniennadeln

Alle Zutaten in eine große Flasche oder in ein großes Glas füllen. Verschließen und in einen nicht zu kühlen Raum stellen. Die Mischung 2–3 Monate stehen lassen, gelegentlich leicht rütteln, damit sich die Aromen verteilen.

Oder den Anislikör mit den folgenden Zutaten ansetzen und wie oben beschrieben verfahren:

je 1 kleiner Zweig Kamille, Fenchelkraut und Bohnenkraut
1 Blatt Minze, je 10 Orangen- und Zitronenblüten
1 Sternanis, 1 kleines grünes Lorbeerblatt
10 Rosenblätter
1 Blüte Kapuzinerkresse
einige Lindenblüten

(siehe Foto Seite 255)

Restaurants auf Mallorca

Bei den über 2000 Restaurants auf der Insel ist die Auswahl wahrhaftig groß, und selbst in abgelegenen Winkeln kann man getrost in einem Celler ein ganzes Menü oder in einer Bar nur ein paar Tapas essen – die Qualität der Gericht ist immer gut. Überall wird mit frischen Zutaten und immer nur soviel, wie bestellt wird, gekocht. Das heißt, man wartet öfter auch ein bißchen länger, aber das macht nichts, denn auf Mallorca hat man Zeit!

Wie überall, gibt es auch auf Mallorca mindestens zwei gastronomisch-kulinarische Linien: einerseits die Restaurants mit einer ambitionierten, im weitesten Sinne europäischen Küche und jene mit der traditionellen regionalen Küche.

Der letzteren sind unsere Empfehlungen gewidmet.

RESTAURANT: SA PLAÇA
Petra

Das kleine Hotel-Restaurant auf der Plaça Ramon Llull ist immer noch ein Insidertip. Hier widmet sich Jaime Dam besonders den Rezepten der urmallorquinschen Küche und verblüfft die Gäste mit außergewöhnlichen Gerichten, wie beispielsweise Languste mit Schokolade oder Rotbarbe in Kaffeesauce. Damit die Erinnerung an die alte mallorquinische Küche erhalten bleibt, gibt er Kochunterricht an der Berufsschule. Neben hervorragenden Vorspeisen gibt es auch noch eine kleine, aber feine Auswahl an Desserts.

Molls al café

ROTBARBEN IN KAFFEESAUCE

8 küchenfertige Rotbarben
4 EL Mehl, Salz, Pfeffer, 4 EL Olivenöl
1 Zwiebel, 2 Knoblauchzehe
3 Tomate, 1 Glas Weißwein
50 ml Fischfond (aus dem Glas)
2 TL löslicher Kaffee

Die Rotbarben entgräten, mit Salz und Pfeffer würzen und in Mehl wenden. Die Fische im erhitzten Olivenöl auf beiden Seiten braten. Aus der Pfanne nehmen und auf einer Platte warm stellen.
Die Zwiebel in kleine Würfel schneiden und in der Pfanne goldbraun braten. Den Knoblauch in dünne Scheiben schneiden und mitbraten. Die Tomate überbrühen, häuten, klein schneiden, zufügen und alles einige Minuten schmoren. Weißwein, Fischfond und den Kaffee dazugeben.
Etwa 5 Minuten köcheln lassen, damit sich die Flüssigkeit reduziert. Den Fisch mit der Sauce begießen.
Dazu wird gedämpftes Gemüse serviert.

S'A COSTA
Bunyola

Das kleine, stilvolle Restaurant liegt oberhalb der Straße, die durch Bunyola Richtung Orient führt. Sitzt man auf der Terrasse, hat man einen wundervollen Blick auf die Tramuntana.

Die Speisekarte verrät die besondere Kreativität der Köchin, die in verschiedenen europäischen Küchen gearbeitet hat. Hier werden mit viel Phantasie und Können mallorquinische Ingredienzien zu überraschenden Gerichten komponiert.

Ensalada de carabassa amb gambes a la romana

FRITIERTE GARNELEN MIT MARINIERTEM KÜRBIS

20 Garnelen, 1 Eiweiß, Salz
100 g Mehl, 1 l Olivenöl
250 g Sommerkürbis, 6 EL Walnußöl, 3 EL Balsamessig
$1/2$ TL geriebener Ingwer

Die Garnelen waschen und trockentupfen. Das Eiweiß leicht verschlagen, etwas salzen und die Garnelen durch das Eiweiß ziehen. Anschließend im Mehl wälzen und eine Weile ruhen lassen.

Den Kürbis in feine Streifen schneiden und in eine Schüssel legen. Aus Walnußöl, Balsamessig, Salz und Ingwer eine Marinade rühren und über den Kürbis träufeln. 30 Minuten ziehen lassen.

Das Olivenöl erhitzen und die Garnelen portionsweise darin goldgelb ausbacken.

Den Kürbissalat jeweils in der Tellermitte anrichten und die fritierten Garnelen ringsherum legen.

Hausgemachter Kräuterlikör (siehe Rezept S. 251)

C´AS PATRÓ MIGUEL
Cala Millor

Das Restaurant wurde erst im April 1993 eröffnet. Die Spezialitäten – Gerichte mit frischem Fisch aus den Gewässern um Mallorca – sind immer ohne Gräten und werden auf verschiedene Arten zubereitet, z. B. gegrillt mit Knoblauch und Zitrone, im Ofen mit »Trampó«, mit Sauce, etc.
Die Vorspeisen sind abhängig vom Marktangebot und der Saison. Außerdem gibt es eine umfangreiche Nachtischkarte mit hausgemachten Köstlichkeiten.
Der große, gut sortierte Weinkeller beherbergt auch eine Auswahl eigener Weine: die Vins Miguel Gelabert, Pla i Llevant de Mallorca.

Medallons de rap amb salsa de taronja i llagostins

MEDAILLONS VOM SEETEUFEL MIT ORANGENSAUCE UND LANGUSTINEN

12 Medaillons vom Seeteufel (Lotte), küchenfertig
(ca. 800 g vom Seeteufelschwanz)
12 geschälte, rohe Langustinen oder Kaisergranat (Scampi)
Salz, weißer Pfeffer
4 EL Mehl
1 EL Butter
2 EL Olivenöl
300 ml Orangensaft (noch besser: Mandarinensaft)
24 Orangenscheiben ohne Haut
Grand Marnier

Seeteufel und Langustinen leicht salzen, pfeffern und im Mehl wenden. Butter und Olivenöl in einer Pfanne erhitzen. Erst die Fischmedaillons, dann die Langustinen braten.

Herausnehmen und auf 4 vorgewärmte Teller drapieren.

Auf jedes Medaillon eine Orangenscheibe legen und mit Grand Marnier beträufeln. Dem Fett in der Pfanne noch 1 EL Butter zufügen, etwas Mehl einstreuen und rühren. Dann den Orangensaft dazugießen und 2 Minuten kochen. Über den Fisch gießen und sofort servieren.

Als Beilage: Reis, eventuell mit wildem Reis gemischt, oder gedünstetes Gemüse der Saison.

RESTAURANTE CASA MANOLO
Pza. San Bartolomé, Ses Salines

Der Fisch, der mittags und abends von Margarita Vicens köstlich zubereitet auf den Tisch kommt, ist absolut frisch. Die Speisekarte richtet sich nach dem, was morgens in den Gewässern um Cabrera, einer Mallorca vorgelagerten Insel, gefangen wird. Und Manolo Barahona begutachtet die Fische, Krustentiere und Muscheln erst einmal persönlich, bevor sie in die Küche seines einfachen, aber gemütlichen Restaurants kommen.

Arrós de Cabrera

REIS »CABRERA«

2 kg Mittelmeerfisch, küchenfertig
4 Knoblauchzehen, 1 Zwiebel
4 Tomaten
2 Petersilienstengel
$^1/_4$ l Olivenöl aus Sóller
4 l Regenwasser
200 g Tintenfisch mit Tinte
8 Seeschnecken
5–6 Garnelen
4 Krebse
1 Languste (ca. 500 g)

Für die Fischbrühe 2 Knoblauchzehen, $^1/_2$ Zwiebel und 2 Tomaten klein schneiden und in 3 EL Olivenöl ca. 2 Minuten dünsten. Den Fisch hineingeben und mit $^1/_2$ l Regenwasser aufkochen. Vom Herd nehmen und 15–20 Minuten stehen lassen. Den Fisch in mundgerechte Stücke schneiden und auf einem Teller warm stellen. Die Brühe durchsieben und bereit halten.

In einer Greixonera das restliche Olivenöl erhitzen. Den übrigen Knoblauch, Zwiebel und Tomaten klein schneiden und darin braten. Dann den zerkleinerten Tintenfisch, die Seeschnecken, Garnelen, die Krebse und die Languste darin sautieren. Die Fischbrühe dazugießen und etwa 15 Minuten köcheln lassen. Den Reis, etwas Safran und ganz vorsichtig einige Tropfen Tinte dazugeben und weitere 15–20 Minuten garen. Zum Schluß den Fisch zufügen und die Languste klein schneiden. Auf vier Teller verteilen und servieren.

MOLÍ D'ES COMTE
Puigpunyent

In der gemütlichen Atmosphäre des Restaurants wird die einfache mallorquinische Küche zum Erlebnis mit der ganzen Familie. Die alte Olivenmühle, die aus dem Jahr 1700 stammt, wurde erst vor kurzem restauriert. Der Küchenchef Juan Gutiérrez legt größten Wert darauf, alle Produkte, die er in seiner Küche braucht, jeden Tag persönlich auf dem Markt einzukaufen. Das sei zwar zeitaufwendig, versichert er, aber die Küche lebt von der Qualität der Zutaten.

Fideauà

GEMISCHTER NUDELTOPF

4 EL Olivenöl
2 Zehen Knoblauch
1 Zwiebel
je 1 rote und grüne Paprikaschote
150 g Schweinefilet
100 g Tintenfisch, küchenfertig
4 kleine Hähnchenkeulen
1 Glas Weißwein
3 frische Artischocken, gewaschen
und geviertelt
150 g grüne breite Bohnen, gewaschen und
in 4 cm lange Stücke geschnitten
150 g mallorquinische Pilze oder Champignons, geputzt
und klein geschnitten
$^1/_2$ Bund Petersilie, gehackt
Salz, Pfeffer
500 g mallorquinische Fadennudeln
(fideas finas)
1 l Hühnerbrühe

Knoblauch und Zwiebeln schälen. Den Knoblauch fein und die Zwiebel grob würfeln. Paprikaschoten über der Gasflamme oder im Grill rösten und enthäuten. Dann in Würfel schneiden. Das Olivenöl in einer Pfanne erhitzen und Zwiebel, Knoblauch und Paprika darin anbraten. Fleisch und Tintenfisch in Würfel schneiden und mit den Hühnerschenkeln zufügen.

Wenn alles goldbraun ist, Weißwein und nach und nach die vorbereiteten Artischocken, Bohnen und Pilze zufügen. Alles aufkochen, salzen, pfeffern und die Petersilie dazugeben. Die Brühe zugießen und 5 Minuten kochen. Die Hitze reduzieren und die Nudeln zufügen. Mit einem Holzlöffel rühren, bis die Nudeln in der Brühe frei schwimmen. Etwa 10 Minuten kochen, bis die Flüssigkeit fast aufgesogen ist.

In eine Greixonera füllen und im heißen Backofen noch 5–10 Minuten ziehen lassen. Danach servieren.

CA'S PUERS
Sóller

Küchenchef des wunderschön restaurierten Stadthauses ist der gebürtige Südtiroler Roland Trettl, ein Schüler von Eckart Witzigmann. Letzterer steht dem Haus als kulinarischer Berater zur Seite.

Die Gerichte im *Ca's Puers* sind mediterran geprägt. Unter Verwendung mallorquinischer Produkte wie Fisch, Meeresfrüchte, Lamm, Oliven, Mandeln, Olivenöl, Orangen, Zitronen etc., die täglich frisch auf den Inselmärkten und im Hafen von Sóller eingekauft werden, zaubert Roland Trettl kulinarische Genüsse, die man nicht so schnell vergißt. Begleitet werden sie von erlesenen Weinen, vor allem spanischer, aber auch französischer und italienischer Herkunft.

Molls amb herbes, Calamars i puré de mongetes

ROTBARBEN MIT KRÄUTERN, KALMARE UND BOHNENPÜREE

Für das Bohnenpüree:
150 g eingeweichte Borlotti-Bohnen
1 mittelgroße Karotte, 1 Selleriestange
1 Zwiebel, 1 Lorbeerblatt, 1 Knoblauchzehe, 1 Thymianzweig
50 ml Olivenöl
Salz, etwas Bohnenkochwasser

Für die Tapinade:
90 g grüne Oliven
15 g Petersilie, 10 g Basilikum, 1 Knoblauchzehe
150 ml Olivenöl bester Qualität
1 Prise Cayennepfeffer

Für den Fisch:

4 Rotbarben von je ca. 150 g
reichlich frische Kräuter (Basilikum, Petersilie, Kerbel,
Kresse, Schnittlauch)
Balsamessig, Olivenöl
Salz, Pfeffer

Außerdem:

4 Kalmare von je ca. 100 g
Olivenöl, Salz

Die eingeweichten Bohnen mit den gewürfelten Karotten, der zerschnittenen Selleriestange, der zerkleinerten Zwiebel, Lorbeerblatt, Knoblauchzehe und dem Thymianzweig in 1 l Wasser ca. 1 Stunde kochen. Abgießen, dabei das Kochwasser auffangen. Die gegarten Bohnen mit Olivenöl, Salz und etwas Bohnenwasser fein pürieren.

Für die Tapinade, eine Olivensauce, alle Zutaten grob aufmixen. Damit wird das Gericht zum Schluß beträufelt.

Die Rotbarben schuppen, vom Rücken her einschneiden, die Mittelgräte auslösen, ohne den Bauch durchzuschneiden. Die in den Filets steckenden Gräten mit einer Pinzette herauszupfen. Die Fische auseinanderklappen, salzen und pfeffern. In einer Pfanne oder feuerfesten Form mit Olivenöl im Rohr bei 200 Grad ca. 5 Minuten braten. Gewaschene, trockengeschüttelte Kräuter abzupfen, die Blättchen sowie die feinen Schnittlauchröllchen mit Essig und Öl nach Geschmack marinieren, salzen und die gebratenen Fische damit füllen.

Die Kalmare putzen und in Ringe schneiden. In einer Pfanne mit erhitztem Olivenöl schnell ansautieren und salzen.

Die gefüllten Rotbarben mit jeweils einer Portion Bohnenpüree und den Kalmare-Ringen dekorativ auf Tellern anrichten und mit der Tapinade beträufeln.

ALBATROS
Porto Cristo

Hier im neuen Stadtteil von Porto Cristo liegt das *Albatros* mit seiner hübschen Terrasse inmitten einer gepflegten Umgebung. Wie die meisten Restaurants an den Küsten von Mallorca setzt man auf Fisch und Meeresfrüchte, die hier vorwiegend auf dem offenen Grill zubereitet werden. Die Vorspeisen, beispielsweise die gefüllten Artischocken, sind Grund genug, unbedingt in diesem freundlichen, lichten Restaurant einzukehren.

Carxofes farcides amb gambes

MIT GARNELEN GEFÜLLTE ARTISCHOCKEN

4 große Artischocken, Salz, 20 frische Garnelen
5 Champignons, 30 g Butter
Salz, Pfeffer
$1/2$ TL Instant-Fischbrühe, 1 cl Brandy
200 ml Sahne, 1 TL Mehl

Die Artischocken etwa 40 Minuten in Salzwasser kochen. Die Blätter abschneiden und das »Heu« im Inneren gründlich entfernen. Die Garnelen in Butter anbraten, den Brandy darübergießen und flambieren. Die Pfanne rütteln, bis die Flammen erloschen sind. Die Garnelen herausnehmen, schälen und warm stellen.
Die Champignons putzen, in Scheiben schneiden und in der Pfanne braten. Salz, Pfeffer und die Instantbrühe hinzufügen. Dann das Mehl einrühren und die Pfanne kurz vom Feuer nehmen, die Sahne unterrühren und nochmals etwa 5 Minuten köcheln.
Die Artischockenböden mit den Garnelen füllen, die Sauce mit den Champignons darüberziehen und servieren.

RESTAURANT ROCAMAR
Port d' Andratx

Der Fischerort ist für seine hervorragende Gastronomie seit langer Zeit ein Begriff. Und das *Rocamar* zeichnet sich besonders durch seine individuelle kulinarische Tradition aus. Die köstlichen Nachspeisen von Mateu Mayans krönen jedes Gericht. Sein Fisch in Salzkruste ist eine jener Spezialitäten, von denen alle schwärmen, die dort gegessen haben.

Peix a la sal

FISCH IN SALZKRUSTE

1 Goldbrasse von ca. 2 kg
4 kg grobes Meersalz
250 g grüne Bohnen, vorbereitet
100 g Karotten, vorbereitet
$1/2$ Blumenkohl, vorbereitet
8 kleine gekochte Kartoffeln
200 g Butter (geschmolzen)
1 Zweig Minze

Eine 1 cm dicke Schicht Salz auf ein Blech schichten. Den Fisch darauf legen und mit dem restlichen Salz bedecken. Mit den Händen festdrücken, damit keine Hohlräume entstehen. Bei 250 °C (Umluft ebenfalls 250 °C; Gas Stufe 6) etwa 20 Minuten backen.
Bohnen, Karotten und Blumenkohl in 50 g Butter dünsten. Die Kartoffeln miterhitzen und zum Fisch servieren.
Restliche Butter schmelzen und die Minzblättchen hineingeben. In einer kleinen Saucière reichen.
Die Salzkruste vorsichtig mit einem Messer vom Fisch lösen und diesen anschließend servieren.

MIRAMAR D´ESTELLENCS
Estellencs

Umgeben von arabischen Terrassen, im Herzen des Bergdorfes Estellencs, liegt das *Miramar* direkt an einer
Treppe, auf der vor dem Restaurant Tische und Stühle stehen. Die phantasievolle Umsetzung der klassischen mallorquinischen Küche ist den Anstieg über die steile
Treppe wahrhaftig wert. Überdies ist der Service effektiv
und freundlich.

Caldereta de llagosta

LANGUSTENTOPF NACH ART DES MIRAMAR

6 EL Olivenöl
1 große Zwiebel, grob gehackt
500 g Tomaten, grob gehackt
1 kg Langusten, 1 l Fischbrühe
4–5 Knoblauchzehen, 1 Stengel Petersilie
12–15 geröstete Mandeln, einige Safranfäden
2 gekochte Eigelb
2 gehäutete Paprikaschoten

Öl in einer Greixonera erhitzen, Zwiebel und Tomaten
darin ca. 5 Minuten schmoren.
Langusten ausbrechen, in Medaillons schneiden, zu der
Zwiebel-Tomaten-Mischung geben und sofort die Fisch-
brühe zugießen, bis die Langusten bedeckt sind.
Knoblauchzehen, Petersilie, Mandeln, Safran, Eigelb und
Paprika mit dem Stabmixer pürieren und, wenn die
Caldereta kocht, in den Topf geben. Etwa 10 Minuten ko-
chen. Salzen, die Hitze ausschalten und das Gericht noch
etwa 10 Minuten ruhen lassen.
Getoastetes helles Landbrot mit angeschnittenen Knob-
lauchzehen einreiben und dazu servieren.

ES BALUARD
Palma, Plaça Puerta Santa Catalina

In der Hauptstadt ist dieses Restaurant wohl das beste mit traditionell mallorquinischer Küche. Hier werden klassische Rezepte mit großer Sorgfalt und Kochkunst raffiniert umgesetzt. Beeindruckend auch die Weinkarte mit ausgesucht edlen Kreszenzen.

Das nachfolgende Rezept für die Sauce wurde genauso schon im Mittelalter zubereitet. Man reichte sie zu gebratenem Fleisch.

Heute servieren wir sie jedoch zu einem edleren Stück vom Rind und servieren dazu gedünstetes Gemüse der Saison.

Llomillo de bou amb salsa de most de canyella

RINDERFILET MIT ZIMT-MOST-SAUCE

1 kg dunkle Trauben
2 Scheiben geröstetes Weißbrot, gerieben
1 l guter Rotwein, 2 Zimtstangen, 300 g Zucker oder Honig
4 Filets vom Mastrind à 200 g
4 EL Olivenöl

Die Trauben waschen, von den Rispen streifen und mit Zimt, Zucker oder Honig und dem geriebenen Brot in eine Tonkasserolle geben. Mit Wein auffüllen, bis sie bedeckt sind. Alles zusammen einige Stunden auf kleiner Flamme köcheln, bis auch die Kerne zerfallen sind. Dann durch ein Sieb streichen und wieder aufs Feuer stellen. Die Sauce aufschäumen, bis sie glänzt, jedoch ohne sie kochen zu lassen.

Die Filetsteaks im heißen Olivenöl auf jeder Seite ca. 2 Minuten braten. Mit der Zimt-Most-Sauce anrichten.

CELLER C'AN AMER
Inca, Carrer Pau

Der alten Weinkeller in der Nähe der Markthalle von Inca ist eine wahre kulinarische Institution der Insel. Hier verwöhnt Antònia Cantallops Ferragut ihre Gäste mit traditionellen Gerichten, die sie der modernen Küche entsprechend interpretiert. Sie gilt als die Mutter der neuen mallorquinischen Küche, und der Besuch ihres Restaurants ist schon deshalb zwingend. Ihr Mann, Josep Torrens Vallès berät die Gäste bei der Wahl der Gerichte und der wunderbaren Weine, die zum Teil hier im Keller ausgebaut werden.

Anfós a la Mallorquina

ZACKENBARSCH AUF MALLORQUINISCHEART

400 g Kartoffeln, geschält, 250 ml Olivenöl
4 Scheiben Zackenbarsch à 200 g
Salz, Pfeffer aus der Mühle, 100 g Mehl
1 mittlere Zwiebel, gewürfelt
die weißen Teile von 2 Lauchstangen, in Scheiben geschnitten
2 Lorbeerblätter, 2 Knoblauchzehen, fein gewürfelt
1 scharfe kleine Pfefferschote,
2 rote Paprika, in feine Streifen geschnitten
5 kleine Perlzwiebeln, 1 Bund Petersilie
1 kleines Glas Hierbas
1 Glas Weißwein
$1/2$ l Fischbrühe
4 reife Tomaten, geschält und in kleine Stücke geschnitten
2 TL süßes Paprikapulver
4 Blätter Mangold, in Streifen geschnitten
50 g Rosinen, 50 g Pinienkerne
6 zerbröselte Galletas (Salzkekse) aus Inca oder
6 EL Semmelbrösel

Die Kartoffeln in Scheiben schneiden und im Olivenöl fritieren. Die fertigen, etwas abgetropften Kartoffeln in eine Greixonera legen.

Den Fisch salzen, pfeffern und in Mehl wälzen. Etwas Olivenöl abgießen und den Fisch im restlichen Öl leicht fritieren, abtropfen lassen und auf die Kartoffeln legen.

Etwas Olivenöl in einer großen Kasserolle erhitzen. Zuerst Zwiebeln und Lauch zusammen mit Lorbeer, Knoblauch und Pfefferschote goldgelb anbraten. Die Paprika hinzufügen und braten, bis sie *al dente* ist. Danach Perlzwiebeln, Petersilie, *Hierbas* und Wein hinzugeben. Einige Minuten kochen, bis der Alkohol verdampft ist, dann die Tomaten und das Paprikapulver unterrühren.

Alles köcheln lassen und den Mangold dazugeben. Zum Schluß die Brühe angießen, aufkochen und abschmecken. Gemüse, Rosinen und Pinienkerne über den Fisch verteilen. Das Gemüse mit Keks- oder Semmelbröseln bedecken und mit etwas Bratöl vom Fisch beträufeln. Leicht andrücken, damit die Brösel das Öl aufsaugen und so eine Kruste bilden. Im Backofen bei 175 °C (Umluft 155 °C, Gas Stufe $2^1/_2$) 30 Minuten überbacken. Sehr heiß servieren.

BENS D'AVALL
Urbanització Costa de Deyá, Sóller

Das Restaurant liegt an einem Platz, den Götter erschaffen haben müssen, aber er ist nicht leicht zu finden. Nachdem man von der Straße abgebogen ist (Hinweisschild), führt der kurvige, breite Weg bald steil nach unten. Nicht aufgeben – weiterfahren, es lohnt sich!
Benito Vicens, der seine Finessen bei Troisgros in Paris gelernt hat, ist ein wahrer Meister der kulinarischen Komposition. Sein Carpaccio von Gambas ist inzwischen schon Legende. Aber hier kann man blind wählen – es schmeckt einfach alles hervorragend.

Llom de conill farcit al bacon i salsa de vell vinagre

Gefüllter Kaninchenrücken in Aceto-Balsamico-Sauce

1 Kaninchenrücken
2 Schalotten, fein gehackt
2 Scheiben Bacon, fein gewürfelt
2 EL Butter
1 TL gehackte Petersilie
2 Scheiben Weißbrot
$\frac{1}{2}$ Tasse Schlagsahne
Salz, weißer Pfeffer
1 Eiweiß
1 EL Olivenöl
100 ml Aceto Balsamico
1 EL Johannisbeergelee
1 TL Fleischextrakt
20 g kalte Butter

Den Kaninchenrücken von den Wirbelknochen lösen. Die Fleischreste von den Rippen auslösen und in kleine Stückchen schneiden. Mit den Schalotten und dem Speck in 1 EL Butter dünsten. Das Fett abgießen.

Das Weißbrot in der Sahne einweichen, etwas ausdrücken und mit der Schalotten-Fleisch-Speck-Mischung vermengen. Die Petersilie zufügen und mit Salz und Pfeffer würzen. Das Eiweiß verrühren, unter die Farce heben und den Kaninchenrücken (dort wo die Wirbelsäule war) damit füllen. Eventuell mit Küchengarn umwickeln.

Olivenöl und Butter erhitzen und den Kaninchenrücken darin bei kleiner Hitze zugedeckt ca. 30 Minuten mehr dünsten als braten. Herausnehmen und warm stellen. Aceto Balsamico zugießen und etwas einkochen lassen. Gelee und Fleischextrakt zufügen und die kalte Butter in Flöckchen unter den Bratfond schlagen.

Mit einem Kartoffel-Gratin und Pilzen oder Saisongemüse servieren.

CA N'ANTUNA
Fornalutx

Vor gut zwölf Jahren eröffneten Jaume Busquets und seine Frau Maria ihr Restaurant in Fornalutx. Die ehrliche, herzhafte Küche Marias fand sofort ihre Fans – sowohl bei den einheimischen, als auch bei den ausländischen Gästen. Das Ca N'Antuna ist inzwischen zu einem der beliebtesten Restaurants der Gegend geworden und hat nichts von seiner Qualität eingebüßt. Während Maria in der Küche steht, kümmert sich Jaume aufmerksam um das Wohl seiner Gäste. Für »Lechona« (Spanferkel) und »Frit de Xot« ist das Restaurant berühmt, aber man sollte auch nach Gerichten fragen, die nicht auf der Karte stehen.

Frit de Xot

GEBRATENE LAMMINNEREIEN

Jeweils 200 g Leber, Halsgrat und Lunge vom Lamm
75 ml Olivenöl
8–10 Knoblauchzehen
Salz, Pfeffer aus der Mühle
1 Zwiebel, in Streifen geschnitten
1 Bund Frühlingszwiebeln, klein geschnitten
2 kleine rote Paprikaschoten, in Streifen geschnitten
1 Bund Fenchelkraut, fein gehackt
2 Lorbeerblätter
500 g gekochte, gewürfelte Kartoffeln

Leber, Halsgrat (eventuell erst vom Knochen lösen) und Lunge klein schneiden. In einer Pfanne 50 ml Olivenöl erhitzen, erst die Knoblauchzehen mit der Schale und dann das Fleisch zufügen. Beim Umrühren salzen und pfeffern. Zwiebel, Paprika und Frühlingszwiebeln dazugeben.

Kurz anbraten. Dann das Fenchelkraut und die Lorbeerblätter zufügen. Alles ca. 10 Minuten braten.
Zwischenzeitlich die Kartoffeln im restlichen Olivenöl
knusprig braten.
Kartoffeln unter das Fleisch heben und servieren.

ES VERGERET
Tuent

Das rustikale Restaurant, oberhalb der malerischen Bucht von Cala Tuent gelegen, ist immer noch ein Geheimtip. Auf der großen pinienbestandenen Terrasse des Restaurants kann man sich herzhafte Fisch- und Fleischgerichte vom Grill schmecken lassen. Und für ihre Coca de Taronjes, die sie in ihrem Restaurant serviert, ist Fiorentina Mora berühmt.

Man fährt die Serpentine in Richtung Sa Calobra bis zur alten Kapelle, biegt dort links in Richtung Tuent ab. Die Straße führt an der Bucht vorbei direkt zum Restaurant.

»Coca de Taronja«

ORANGENKUCHEN VOM BLECH

4 Eier, 200 g Zucker, 100 g Butter
100 ml Sonnenblumenöl
1 Glas Orangensaft
geriebene Schale von 2 unbehandelten Orangen
300 g Mehl, 2–3 Orangen

Die Eier trennen und die Eigelbe mit dem Zucker und der Butter verrühren. Öl, Orangensaft und -schale untermischen, dann das Mehl darunterheben. Das Eiweiß aufschlagen und unter den Teig ziehen.

Den Teig auf ein eingefettetes Blech streichen.

Im vorgeheizten Ofen bei 180 °C ca. 35 Minuten im Ofen backen.

Um zu wissen, ob der Kuchen fertig gebacken ist, macht man die Garprobe mit dem Zahnstocher.

Den warmen Kuchen mit Scheiben von geschälten Orangen belegen und mit Puderzucker bestreuen.

Register nach Sachgruppen

Mallorquinisches Rezeptregister

Alphabetisches Rezeptverzeichnis

Die gute Küche

Das Standardwerk österreichischer Kochkunst von Ewald Plachutta, Dreihaubenkoch in Wien, und Christoph Wagner, Österreichs meistgelesenem Gourmetkritiker.

07/4694

Heyne-Taschenbücher

HEYNE BÜCHER

Abnehmen,
ohne zu
hungern

Heyne Diät-Kochbücher

Dr. med. Antje Katrin Kühnemann
Die Kühnemann-Diät
Gesund abnehmen und
erfolgreich schlank bleiben
07/4647

Herman Tarnower
Samm Sindair Baker
Die Scarsdale-Diät
07/4350

Weight Watchers
Kochbuch
07/4458

Weight Watchers
Kochbuch Nr. 2
Schlank mit Elan
07/4483

07/4458

H e y n e - T a s c h e n b ü c h e r

HEYNE BÜCHER

Genießen
ohne Risiko

Ausgewogene Ernährung
*Ein Beitrag zur
Krebsprävention mit
125 Rezepten*
07/4691

07/4591

Heyne-Taschenbücher